KB158006

다친 마음 수리하기

다친 마음

수리하기

상처받은 마음을 위한
13가지 치유 기법

정준용 지음

북카라반 CARAVAN

사람은 누구나
상처를 받는다

사람은 누구나 상처를 받습니다. 프랑스의 시인 아르튀르 랭보Arthur Rimbaud는 "상처 없는 영혼이 어디 있으랴"라는 말도 했지요. 어쩌면 우리는 사람이기에 크고 작은 상처를 받으며 살아가는지도 모르겠습니다.

이 책은 상처받은 사람들이 스스로를 치유할 방법들을 담고 있습니다. 상처받고도 오뚝이처럼 거뜬하게 일어날 수 있는 기법을 알려줍니다. 치밀어 오르는 분노가 깊은 상처로 번지지 않게 막아내는 방법을 알려줍니다. 심리적 맷집을 기르고 싶은 사람들을 위한 책이자, 특히 매일 생존경쟁의 장에서 상처받는 사람들을 위한 책입니다.

좋은 사람, 친절하면서도 쿨한 사람이 되려고 애쓰지만 세상 사람들은 자기 중심적이라 나의 성의와 정성을 몰라주는 경우가 다반사입니다. 세상살이가 그렇지요. 가깝다고 믿었던 사람에게 받은 상처는 특히 가슴을 아프게 합니다. 몸과 마음이 너덜너덜해질 정도로 지쳐버리면 만사가 귀찮고 무기력하고 화가 납니다. 잘나가는 친구들을 보면 축하하면서도 내 처지와 비교되어 주눅이 듭니다. 내가 가지지 못한 것만 눈에 들어옵니다.

상처를 받는 사람은 혼자서 아픕니다. 상처를 준

사람은 자신이 상처를 주었는지조차 기억하지 못합니다. 그래서 사과하지도 용서를 구하지도 않습니다. 상처는 어쩌면 짝사랑과 비슷합니다. 상대는 아무 생각도 없는데 혼자 그 사람이 무릎 꿇고 사죄하기를 바랍니다. 하지만 그런 일은 영영 이루어지지 않습니다.

상대가 달라지기를 바라기보다는 내가 변해야 합니다. 상처만 받던 예전의 나와는 달라져야 합니다. 상처 주는 이들이 더는 나를 침범하지 못하도록 비장의 기술을 한 가지는 갖고 있어야겠지요.

지금까지 상처를 받으면 어떻게 했나요? 상처를 받으면 혼자가 된 느낌에 사로잡히고, 위로해줄 사람을 찾아 술잔을 기울이기도 했을 것입니다. 수다를 떨며 깔깔거리고 웃어보아도 상처의 기억은 어김없이 마음속으로 밀고 들어옵니다. 상처를 치유하지 않으면 상처는 점점 더 반복되고 커집니다.

이 책은 혼자서 할 수 있는 상처 치유법을 안내합니다. 상처의 늪에서 빠져나오려면 먼저 상처의 실체를 알아야 합니다. 감기를 예방하려면 감기가 무엇인지 알고 있어야 하듯이 말입니다. 감기에 잘 걸리는 원인을 알면 대비도 할 수 있겠지요. 지피지기知彼知己 백전불태百戰不殆라고 하지요. 상처가 무엇인지 알면 얼마든지 대처할 수 있습니다. 내게 어떤 것이 부족한지 알면 그것을 채우면 되지요. 상처를 알고 원인을 알면 치유하는 방법도 익힐 수 있습니다. 마음의 근육이 불끈 솟아나 다시는 상처에 쉽게 흔들리지 않을 것입니다.

이 책은 13가지 상처 치유 방법을 제시합니다. 그중에는 꾸준히 연습해야 하는 장기 과제도 있고, 갑자기 일어나는 상처의 불꽃을 잠재워주는 응급조치법도 있습니다. 모두 상처를 직면하고 풀어내는 방법입니다. 상처를 치유하겠다는 의도만 있으면 누구나 쉽게 연습할 수 있습니다.

이 책에는 제 경험도 담겨 있습니다. 저는 직장에서 30년 넘게 근무하면서 크고 작은 상처를 많이 받았습니다. 대부분은 이겨냈지만, 어떤 상처는 크고 깊어서 극복하기 힘들었습니다. 처음에는 전형적인 '상처의 늪'에 빠져들었습니다. 공황 증상에 화병, 온갖 공포증을 겪었습니다. 나는 이렇게 힘든데 상처는 이런 것이니까 이렇게 빠져나오면 된다고 알려주는 사람이 없었습니다. 그럴듯한 이론과 진단, 분석은 넘쳐났지만 '그래서 내가 어떻게 하면 되는데?'라는 질문에 답을 주지는 못했습니다. 그래서 직접 치유법을 찾기 시작했습니다.

상처에서 어느 정도 빠져나오자 내 고통을 제대로 알고 싶은 마음에 학교로 돌아가 심리학을 공부했습니다. 그 경험을 상처받아 휘청거리는 모든 사람과 나누고 싶습니다. 누구도 저처럼 아파하지 않기 바라는 마음에서 이 책을 썼습니다.

상처받은 나를 위로하고 진단하고 해석한다고 상처가 치유되지는 않습니다. 상처를 치료하려면 마음의 근육을 기를 수밖에 없습니다. 그래서 마음의 근육을 기르는 구체적인 방법을 모았습니다. 제가 제시한 13가지 치유법 중 자신과 맞는 것을 골라서 연습하기를 권합니다. 마음을 위한 일종의 뷔페인 셈이지요.

이 책에 나온 치유법으로 모든 상처를 치유할 수 있다고 말할 수는 없습니다. 우리가 겪고 마음에 품고 있는 상처는 다양하고 깊이도 다르니까요. 하지만 이 책을 읽고 나면 상처를 덜 두렵게 바라볼 수 있게 될 것입니다. 상처는 언제나 받을 수 있다는 것을 받아들일 수 있을 것입니다. 이것은 대단한 용기고 여유지요. 내가 하려고만 하면 언제든 오뚝이처럼 일어날 수 있다는 뜻이니까요. 이 책을 읽는 분들이 상처의 늪에서 빠져나와 자유로움과 속시원함, 평화로움, 따뜻한 충만감과 행복감을 느끼며 살기를 바랍니다.

2020년 8월

정준용

차례

여는 글 | 사람은 누구나 상처를 받는다 ∘ 4

PART 2. 　　　　내 마음을 돌보는
　　　　　　　　상처 치유 기법

PART 1.

내 마음에
들어온
가시,
|
상처
마주하기

상처받지 않고 사는 사람이 있을까요? 정도의 차이는 있지만, 누구나 자신만 아는 상처를 안고 살아갑니다. 몸에 난 상처는 아픔을 느끼지 못하면 치유할 기회를 놓치게 됩니다. 상처가 났다는 것을 알고 고통을 받아들일 때 적절한 치유 방법을 찾을 수 있습니다. 마음의 상처도 마찬가지입니다. 위대한 상처 치유자인 붓다는 고통을 알면 치유 방법도 있다고 했습니다. 상처를 치유하려면 먼저 상처의 실체를 알아야 합니다. 마음에 난 상처는 몸 구석구석으로 구조 신호를 보냅니다. 이 구조 신호를 알아차리고 대처하면 상처를 막을 수 있습니다. 하지만 우리는 종종 이런 신호에 무감각하지요. 경쟁 사회에서 자신을 향해 달려드는 맹수를 피해 '살기 위한 싸움 쳇바퀴' 속에 갇혀 있기 때문입니다. "최선의 승리는 싸워서 이기는 것이 아니라, 싸우지 않고 이기는 것"이라고 합니다. 그러려면 상대를 알고 나를 알아야 합니다. 그래서 먼저 상처의 실체를 알아보려 합니다.

그리고 상처를 치유하는 과정에 도움이 되는 정보들을 알아봅니다. 스트레스 이론을 통해 상처받을 때 몸과 마음에 나타나는 반응을 이해하고, 몸과 마음이 연결되어 있다는 것을 이해합니다. 과거의 상처가 현재의 상처에 어떻게 영향을 미치는지도 알아봅니다. 이는 스스로 마음의 상처를 치유하는 데 꼭 필요한 정보입니다. 그리고 상처 치유 연습 전에 해야 할 자가 점검, 상처 치유 핵심 기술 이해하기, 상처 치유 과정에 지켜야 할 가이드라인에 대해 살펴봅니다.

1.

드러난
상처보다

감추어진
상처가

아프다

내 마음에 들어온 가시, 상처 마주하기

감정과 상처의 차이

마음의 상처는 마음에 난 부상과 흉터입니다. 풀리지 않고 해소되지 못한, 주관적으로 경험되는 감정적인 아픔입니다. 다른 사람들, 때로는 나 자신이 내 자존감을 공격하면 충격을 받고 상처가 나게 됩니다.

마음의 상처는 나만 알 수 있습니다. 몸에 난 상처나 질병처럼 겉으로 드러나지 않습니다. 혼자 상처의 쓰라림을 경험하지요. 상처는 가해자보다 피해자인 나를 먼저 짓밟습니다. 상처의 에너지는 풀릴 때까지 자신의 존재를 알아달라는 신호를 보냅니다. 마음의 상처는 내 마음이 보내는 절박한 비명이자 일종의 구조 요청입니다.

상처는 감정과 다릅니다. 감정은 일어날 만한 조건에서 반사적으로 일어나는 정직한 신호로, 그 자체로 정당한 에너지입니다. 순간순간 일어나는 감정은 초정밀 기계 장치가 보내는 신호입니다. '화가 난 감정'은 상처가 난 상태가 아닙니다. 가까운 사람이 세상을 떠났다는 소식을 듣고 '슬픈 감정'이 일어난 것도 상처는 아닙니다. 그러나 이런 감정을 무시·왜곡하거나 막아버리면 마음속으로 숨어들어가 상처로 바뀝니다.

감정이 상처로 변하는 이유

자연스럽게 소화되지 못한 화나 슬픔 같은 감정에는 상처라는 딱지가 붙습니다. 분노, 적개심, 복수심, 우울의 씨앗이 되지요. 어떤 사람은 부당한 대우에 억울함이 생겨 상처받아 웁니다. 개인이든 집단이든 내 믿음을 저버린 상대에 대한 배신감에 상처받아 울기도 합니다. 한편으로는 단지 지금 상황이 슬퍼서 우는 사람도 있습니다. 슬픔은 자연스러운 감정입니다. 슬픔이라는 감정을 소화하려면 어느 정도 시간이 필요합니다. 배신감이나 상실감도 마찬가지입니다. 감정이 일어날 때 정중하고 친절하게 기다려주면 감정은 자연스럽게 흘러갑니다. 그러려면 마음의 기술이 필요합니다.

지하철이나 버스 안에서 누군가 발등을 밟았을 때를 떠올려봅시다. "아야!" 소리가 나옵니다. 발등이 얼얼하고 얼굴은 화끈하고 가슴은 쿵쾅거립니다. 상대가 미안하다는 신호만 보내도 곧 괜찮아집니다. 발등의 통증은 참을 수 있습니다. 그런데 상대방이 오히려 적반하장으로 기분 나쁘다는 신호를 보내면 어떤가요? 가슴은 더 쿵쾅거리고 머리 쪽으로 열기가 몰려옵니다. 큰 소리로 퍼붓고

싸울까도 싶지만 이미지 관리도 있고 괜히 싸우기도 그래서 그냥 조용히 물러납니다. 그렇게 마음에 상처를 쌓아놓습니다.

왜 나만 아프고 힘들까?

같은 상황을 겪은 사람들도 반응이 다릅니다. 내 옆에 있는 사람은 아무렇지 않다는데 나는 견딜 수 없이 괴롭기도 합니다. 그 반대일 수도 있지요. 상처는 주관적인 경험입니다. 상대의 말 중에 자존심을 건드리는 것이 있는지에 따라 달라집니다. 당시에는 아무렇지도 않았는데 시간이 흐를수록 괜찮지 않다는 것을 깨닫기도 합니다. 상대방은 마음을 상하게 할 의도가 없었는데 나는 그 말에 상처를 받기도 합니다. 상대방은 아무런 죄책감도 느끼지 않을 것입니다. 아마도 그 사건 자체도 기억나지 않는다고 할 수 있습니다. 나는 마음이 아프고 쓰린데 말입니다.

마음의 상처에는 드러난 상처와 감추어진 상처가 있습니다. 전자는 상대방의 행위로 받은 상처이고, 후자는 자신의 기대가 충족되지 않아 느끼는 실망감 등입니다. 예를 들어 노력한 만큼 칭찬이나 평가를 받지 못하면 실망하게 되지요. 이게 감추어진 상처입니다. 배신감이나 서운함 같은 반응이 소화되지 않고 남기도 합니다. 관심받고 인정받고 싶은 마음이 충족되지 않을 때도 상처로 남습니다.

마음에 상처를 입은 사람은 종종 자신이 차별받는다고 느낍니다. 자신의 가치를 인정받지 못한다고 느끼기도 하지요. 억울하게 손해를 본다거나 부당하게 거부당한다고 느끼기도 합니다.

상처받았을 때 대처 유형

마음의 상처를 받을 때 회피하고 자신을 탓하는 사람이 있습니다. 상처와 관련된 것을 마주하는 것이 힘들어서 피하는 것이지요. 세상과 사람들을 피해 자신을 가두어버립니다. 자신에게 상처를 준 사람에게 분노하고 복수를 계획하며 관계를 끊어버리기도 합니다. 그러면서 머릿속으로는 상처를 반복해 되새기며 혼자 전쟁을 계속합니다. 허술하게 당한 자신을 비난합니다. 맞붙어보지 못하고 물러난 자신을 한탄합니다. 다시는 상처받지 않으려고 자신을 더 완벽하게 옥죄기도 합니다. 자신에게 체벌을 가하기도 합니다.

의존 반응을 보이는 이들도 있습니다. 상처로 인한 아픔을 마주하는 것이 힘들어서 자신에게 일시적으로 최면을 걸고 가면을 씌워 고통을 잊으려 합니다. 술, 담배, 일, 도박, 다이어트, 음식, 섹스, 게임, 운동, 약물까지 사람이 의존할 수 있는 대상은 다양합니다. 한번 의존하기 시작하면 고통을 겪을 때마다 찾게 됩니다. 하버드 의대 정신과 교수인 에드워드 칸치안Edward Khantzian과 동료들은 약물 의존증에 대한 자기 치료 가설self-medication hypothesis을 제시했습니다. "어떤 물질에 의존하는 것은 정신적인 문제나 고통스러운 정서 상태를 치료하려는 시도"라는 것입니다.

심리학자 최상진은 마음에 상처를 받았을 때 한국인이 보이는 반응을 한恨과 억울抑鬱로 설명합니다. 한은 억울한 피해를 받고서도 참고 억제할 때 나타나는 상처 반응입니다. '나는 배우지 못해서 한이 맺혔다', '나는 원수를 갚지 못해 한이 맺혔다'고 하지요. 자신의 처지와 신세를 원망하며 슬퍼하는 감정이 소화되지 않고 남아 있는 것이 한입니다. 한은 자신에게 필요한 것(힘, 돈, 권력 등)이 없거나 상대보다 약할 때 나타납니다. 억울은 일방적으로 당할 때, 부당한 대우나 평가를 받을 때 나타납니다.

마음에 상처를 입으면 부정 정서를 경험합니다. 대개 무력감, 분노, 죄책감, 수치심, 모욕감, 우울, 두려움, 불안, 슬픔, 적개심 등을 느낍니다. 쾌감과 기쁨과 같은 긍정적인 정서는 잃어버릴 수 있습니다. 상처가 풀리지 않고 반복되면 화병, 우울증, 불안 장애 등이 나타날 수 있습니다. 심신이 소진burn out되기도 합니다. 위궤양, 두통, 근육통, 과민대장증후군, 만성피로, 원형 탈모, 호흡곤란, 건강염려증 등이 나타나기도 합니다.

상처의 5가지 유형

마음의 상처를 몇 가지 유형으로 나누어 볼 수 있습니다. 심리상담가 리즈 부르보Lise Bourbeau는 『다섯 가지 상처』라는 책에서 사람들은 상처의 유형에 따라 가면을 달리 쓴다고 말합니다.

거부의 상처는 누군가에게 밀려나서 받는 상처입니다. 무리에서 밀려나는 것은 인간에게 치명적입니다. 거부당했다고 느꼈을 때 사람들이 보이는 첫 번째 반응은 도망치는 것입니다. 꼭꼭 숨어서 자신을 보호할 방어막을 칩니다. 거부에 도망으로 대응해온 사람들은 늘 눈치 보면서 열등감 속에 삽니다. 거부당할까 두려워 필요한 게 있어도 요구하지 못하지요.

버림받음의 상처는 상대방이 자신을 내버려둔 채 떠나서 받는 상처입니다. 버림받는 것도 생명체의 생존에 치명적이기에 큰 두려움을 동반합니다. 버림받음의 상처를 받은 사람은 의존의 가면을 쓰고 상처를 감춥니다. 구원자 역할을 하면서 칭찬받으려 하고, 자신을 중요한 존재로 느끼고 싶어 합니다. 예를 들어 자신은 궁핍한데도 형제자매를 보살펴줍니다. 사랑하는 사람이 곤란을 당하면 무슨 수를 써서라도 해결하려고 애씁니다. 상대방의 눈치를 보면서 자신의 희생을 알아주기를 바랍니다. 자신이 필요한 존재임을 인식시켜서 버림받지 않으려는 것입니다.

모욕의 상처는 상대방이 자존감을 훼손했을 때

받습니다. 모욕의 상처를 풀지 않으면 사소한 비판에도 모욕당했다고 느끼고 우울해집니다. 자신을 보호하기 위해 모든 것을 감독하고 통제하려고 합니다.

배신의 상처는 믿는 도끼에 발등 찍혔을 때 생깁니다. 철석같이 믿고 모든 것을 쏟아부었는데 상대가 기대를 저버리면 배신의 상처를 받습니다. 한번 배신당한 사람은 다시는 배신당하지 않으려고 자기 관리에 엄격해집니다.

부당함의 상처는 자신이 알거나 믿고 있는 법·제도·윤리·상식을 비롯해 마음의 규칙을 상대방이 어겼다고 느낄 때 받는 상처입니다. 상처받지 않으려고 철저히 준비해서 부당함에 맞서려고 하게 되지요.

상처의 굴레에 갇히는 이유

마음의 상처는 자신도 모르게 비슷한 유형으로 반복됩니다. 심각한 상처는 대부분 과거의 상처와 연결되어 있습니다. 과거의 상처는 또 다른 과거의 상처와 연결됩니다. 하나의 상처는 쇠사슬처럼 다른 상처들과 줄줄이 이어져 있습니다. 새로운 상처가 생길 때마다 사슬 전체가 출렁거립니다. 그 사슬은 나도 모르는 사이에 마음의 약한 부분을 건드립니다. 사이가 나빠진 사람과 화해하려고 만났다가 과거 상처가 떠올라 괴로웠던 적이 있지 않나요? 내 마음을 내가 감당하지 못해 당황하고 어디서부터 풀어야 할지 몰라 끙끙대게 됩니다. 이럴 때는 잠시 멈추고 자신의 내면을 들여다보아야 합니다. 반복되는 상처의 뿌리를 보는 것입니다.

마음의 상처는 풀리지 않고 남아 있는 아픈 기억이라고 할 수 있습니다. 누구나 삶 어딘가에 아픈 상처가 붙어 있습니다. 삶이 다양하듯 상처도 다양합니다. 상처를 풀지 않으면 그 상처는 다시 다른 상처의 원인이 됩니다. 마음의 상처를 치유하려면 상처의 정체를 알아야 합니다. 지금 내가 상처받고 있다는 것을 인식하는 것이 중요합니다.

2.

가까운
사람에게

상처받는
이유

내 마음에 들어온 가시, 상처 마주하기

누가 상처를 줄까?

상처를 주는 사람은 많지만, 때로는 내가 나에게 가장 큰 상처를 주기도 합니다. 내 안의 공격자에게서 벗어나는 것은 쉽지 않습니다. 내면의 공격자는 나를 너무 잘 알고 있어서 상처가 되는 곳을 정확하게 헤집습니다. 상처받고 싶지 않아 하면서도 끊임없이 나의 부족함을 지적합니다. '나는 사랑받아 본 적이 없어. 영원히 사랑받지 못할 거야', '나처럼 해서는 아무리 애써도 인정받지 못할 거야'라는 식으로 말이죠. 상처 치유는 내가 나를 사랑하는 데서 시작됩니다.

가까운 사람들도 상처를 줍니다. 가까운 사람에게는 그만큼 기대치가 높아집니다. 그렇기에 기대한 반응이 나오지 않으면 야속하고, 지나가는 말 한마디에도 서운할 수 있습니다. 친한 만큼 나를 잘 이해해줄 것이라고 기대하기 때문이지요. 기대가 충족되지 않으면 "어떻게 그럴 수 있지?", "사람 그렇게 안 봤는데", "어떻게 내 뒤통수를 쳐?"라면서 배신감이 들기도 합니다.

상대와의 거리를 잘 유지하지 못해 상처를 받기도 합니다. 원수怨讐는 가장 가까운 사람 사이에 집니다. 모르는 사람들이 원수지지 않습니다. 가까운 사람끼리는 기대하는 게 많습니다. 그런데 서로의 기대 수준이 최상으로 설정되어 있으면, 기대는 절대 충족되지 못합니다. 조금이라도 어긋나면 서운해 합니다.

왜 나만 상처를 받을까?

인간은 자존감을 먹고 사는 존재입니다. 자존감에 상처를 받으면 내가 실제로도 사라지는 느낌을 받지요. 한 개인으로서 존재감에 근본적 회의감이 듭니다. 실직은 자존감에 상처를 주는 대표적인 경우입니다. 굴욕감과 무가치하다는 느낌, 절망감, 무기력, 분노, 체념 등이 번갈아 일어납니다.

경쟁과 질투로도 상처를 받습니다. 특히 생존 게임이 벌어지는 일터에서는 승진과 보상을 차지하는 과정에 상처를 받아 울게 됩니다. 『피로 사회』의 저자인 철학자 한병철은 현대사회에 대해 "실제로 인간을 병들게 하는 것은 성과주의다. 성과주의 사회에서 실제로 성과 주체는 성과를 얻기 위해 자기 자신을 스스로 착취한다. 결국, 자신 스스로 착취자인 동시에 피착취자가 되는 셈이다. 성과 주체는 스스로 설정한 기대(목표)를 달성해야 한다는 강박관념에 사로잡힌다. 이로 인해 그는 극단적 피로로 인한 소진 상태에 빠진다. 그리고 다른 사람들과의 경쟁 관계 속에서 살아남은 대가로 상처를 받는다"고 했습니다.

패배를 경험한 사람은 나락에 떨어지는 기분이 듭니다. 부당함, 무력감, 서운함, 창피함, 체면 상함, 상대적 열등감, 모욕감, 분노 등 복합적인 감정이 솟구쳐 올라옵니다. 상처 주는 사람이 없어도 때로는 남의 성공만으로도 상처를 받습니다. 사촌이 땅을 사면 배가 아프듯이 다른 이가 성공했다는 소문만으로도 상처받는 존재가 바로 우리 인간이지요.

피하고 싶지만 피할 수 없는 고통과 그로 인한 상처도 있습니다. 죽음, 질병, 재난은 깊은 상처를 남깁니다. 누구나 건강을 바라지만 때때로 병에 걸려 입원하거나 수술받을 일이 생깁니다. 태풍이나 지진, 홍수, 가뭄 같은 자연재해도 큰 고통을 남깁니다. 나보다 힘이 센 사람이나 집단에 걸었던 소원·희망·기대가 꺾이면 그것 역시 상처가 됩니다.

유령처럼 되살아나는 과거의 상처

나도 모르게 과거의 상처에 휘둘리기도 합니다. 게슈탈트 심리 치료(독일 출신의 정신과 의사이자 심리학자인 프리츠 펄스 Fritz Perls의 심리 치료법. 개체의 자연스러운 활동이 방해받지 않고 해소되면 의미 있게 기능하는 전체로 살 수 있다는 치료 철학)에 '미해결 과제'라는 개념이 있습니다. 예를 들면 모욕당해 받은 상처가 생리적으로나 심리적으로 적절하게 해소되지 않고 남아 있는 것입니다. 이런 상처는 언제든지 조건만 되면 다시 의식에 나타납니다.

불교 심리 이론에서는 마음의 '저장식'이라는 개념을 사용합니다. 신체적·정신적으로 경험한 것은 모두 여기에 축적됩니다. 축적된 기억은 어떤 조건이나 상황을 만나면 의식 밖으로 나타납니다. 인지심리학자들은 우리가 경험한 것은 기억으로 저장되고, 자극을 받으면 다시 불려 나온다고 합니다.

현재의 상처는 과거의 상처에 뿌리를 박고 있는 경우가 많습니다. 어린 시절의 상처는 쉽게 사라지지 않습니다. 누구나 마음속에 채워지지 않는 저마다의 상처가 있습니다. 어느 누구도 완벽한 환경에서 성장하지 못합니다.

어린 시절 모진 말을 듣거나 심한 차별을 받았던 기억, 보살핌을 받지 못하고 외롭게 지냈던 기억, 가족 간의 싸움으로 불안에 떨었던 기억, 칭찬이나 따뜻한 격려를 받지 못했던 기억 등 저마다 힘든 기억이 남아 있습니다. 이런 기억은 현재 상황을 객관적으로 보지 못하고 과거 상처에 휘둘리게 합니다.

자신의 기대·바람·욕구가 채워지지 않을 때 마음의 상처를 받습니다. 어린아이는 부모에게 인정받고 싶어 합니다. 이것이 충족되지 않으면 성인이 되어도 결핍을 느끼게 됩니다. 사랑받고 싶어서 칭얼거리기도 하고, 중요한 사람에게 인정받고 싶어서 매달리기도 합니다. 인정받기 위해 자신에게 완벽함을 요구하거나 비굴함도 감수해야 한다고 자신을 몰아갑니다.

왜곡된 자동적 사고가 마음에 상처를 낸다

마음의 상처에는 뒤틀린 자동적 사고가 한몫합니다. 어떤 상황을 마주할 때, 사람마다 순간적으로 마음속에 떠오르는 생각은 다릅니다. 생각이 다르면 그에 따른 반응과 행동도 달라지지요.

　　　이런 마음의 작동을 심리 치료 이론에서는 인지 모델cognitive models이라고 합니다. 예를 들어 타려는 버스가 눈앞에서 출발해버렸다고 합시다. 버스가 떠난 것은 사실입니다. 어떤 사람은 (실제로 늦을지와는 상관없이) 버스를 놓쳤으니 늦을 거라고 생각합니다. 그래서 초조하고 불안한 감정이 올라오고 안절부절못합니다. 다른 사람은 아직 여유가 있으며, 만약 늦어도 어쩔 수 없다고 생각합니다. 긴장되지 않고 느긋한 마음이 듭니다. 마음속에 어떤 자동적 생각이 올라오느냐 즉, 해석에 따라 감정 반응이 달라지고 행동과 생리적 상태도 달라지는 것이지요.

　　　자동적 생각은 사건이나 상황을 있는 그대로 보지 못하게 합니다. 순간적으로 나만의 '맞춤형 필터'로 걸러진 세상을 보게 합니다. 해석에 따라 반응 즉, 감정의 농도와 색깔이 달라집니다. 뒤틀린 주관적 해석은 자동적으로 일어납니다. 그렇다고 그냥 내버려두면 혼자 상처받고 움츠러드는 상황이 반복됩니다.

　　　어떤 특정 상황에 닥치면 그에 따른 생각이 자동적으로 일어나기도 합니다. 내면에 깊이 뿌리내린 고정관

념·선입견·프레임의 영향입니다. 자신이 직접 경험해온 것, 부모·형제·친구 등 다른 사람과 상호작용하는 과정에서 알게 된 것, 세상을 관찰하면서 쌓아온 믿음이 자동적 생각의 뿌리입니다.

뒤틀린 생각은 여기저기 얼룩진 거울과 같습니다. 우리는 그런 거울을 보면서 "내 얼굴은 왜 이렇게 일그러져 있지?"라며 상처받습니다. 얼룩진 거울로 자신을 바라보고 타인의 행동을 판단하고 세상을 평가합니다. 있는 그대로 보이는 게 없습니다. 이런 거울을 갖고 살면 마음의 상처도 덧날 수밖에 없습니다. 인지행동치료자인 주디스 S. 벡Judith S. Beck은 대표적인 사고 오류 유형을 다음과 같이 제시했습니다.

· 흑백 사고all-or-nothing thinking : 모든 상황을 오직 두 가지 범주로 나누어 봅니다. "완벽하게 성공하지 못하면 완벽하게 실패한 거야."

· 재앙화catastrophizing : 미래에 대해 현실적인 고려 없이 최악의 부정적인 시나리오를 예상합니다. "나는 무조건 망할 거야."

- 긍정적인 면 깎아내리기disqualifying the positive: 자신의 능력과 자질을 인정하지 않고 비이성적으로 대합니다. "성공했지만, 단지 운이 좋았을 뿐이야."

- 감정적 추론emotional reasoning: 어떤 생각에 너무 강하게 빠져, 반대되는 증거는 고려하지 않습니다. "내가 일을 잘 해냈어도, 여전히 실패자라고 느껴."

- 명명하기labeling: 자신이나 다른 사람에게 낙인을 찍습니다. "나는 실패자야."

- 과장/축소magnification/minimization: 자신이나 다른 사람 혹은 상황을 평가할 때, 부정적인 측면을 강조하고 긍정적인 면을 최소화합니다. "'나쁘지 않다'는 내가 엉망이었다는 뜻이야", "이번에 좋은 평가를 받았다고 내가 똑똑하다는 건 아니야."

- 정신적 여과mental filtering: 전체 그림을 보는 대신 세세한 한 가지에 과도하게 집착합니다. "다른 과목들은 높은 점수를 받았다고 해도 이 과목에서 낮은 점수를 받았다면 내가 정말 못 했다는 뜻이야."

- 독심술mind reading: 현실적인 가능성을 고려하지 않고, 다른 사람들이 어떻게 생각하고 있다고 믿습니

다. "그는 내가 기초적인 것도 모른다고 생각해."

· 지나친 일반화overgeneralization: 현재 상황만으로 모든 면에 부정적 결론을 내립니다. "첫인상이 별로였으니까 절대 친구를 사귈 수 없을 거야."

· 자기 탓personalization: 다른 사람의 행동에 대한 타당한 설명 없이, 나 때문에 다른 사람들이 부정적으로 행동한다고 믿습니다. "방금 지나간 사람의 표정이 별로인 것은 내가 무엇인가 잘못했기 때문이야."

· 당위 진술 또는 명령문should statement: 행동에 대해 고정된 사고를 하며, 기대를 충족하지 못하는 게 얼마나 나쁜지 과대평가합니다. "내가 실수한다는 것은 끔찍한 일이야. 나는 항상 완벽해야 해."

· 터널 시야tunnel vision: 전체를 보지 못하고 부정적인 면만 봅니다. "우리 아들의 담임은 제대로 하는 것이 없어. 학생에게 관심 없고 가르치는 것도 형편없어."

자존감 낮은 사람, 예민한 사람,
경쟁적인 사람

자존감이 낮고 의존적인 사람은 사소한 비판에도 쉽게 상처를 받습니다. 상대방에게 이용을 당해도 저항하지 않습니다. 상대방에게 미움받을지 모른다는 두려움을 더 신경 쓰기 때문이지요. 이런 사람은 시한폭탄을 두르고 사는 것과 같습니다. 겉으로는 착한 사람으로 보이지만 몸과 마음은 쌓인 스트레스로 균열이 나기 시작합니다.

극단적인 완전한 자립을 내세우는 사람도 상처 받기 쉽습니다. 이런 사람들은 다른 사람에게 의존하는 것을 굉장한 수치와 굴욕으로 받아들이지요. 경쟁에서 지는 것은 의존하는 것으로 생각합니다. 매사 완벽하게 준비하고 옳고 그름을 명확하게 판단해야 안심합니다. 하지만 그렇게 살다보면 불안하고 항상 긴장하게 됩니다. 더 심하면 공포를 느끼기도 합니다.

지나치게 예민한 사람은 상처를 잘 받습니다. 항상 좋은 사람 역할을 하기에 만만하게 보고 함부로 대하는 사람들이 생깁니다. 주변의 시선을 의식하며 살게 되고, 더 마음에 상처를 받게 됩니다.

지나치게 경쟁적인 A유형 사람도 상처받기 쉽습니다. 미국의 심장 전문의 마이어 프리드먼Meyer Friedman과 동료들에 따르면 A유형은 조급하고, 경쟁적이고, 공격적이며, 시간에 쫓겨 사는 사람입니다. 이들은 쉽게 스트레스를 받습니다. 자기중심적이고 타인에 대한 분노와 적개심이 많아 대인 관계가 나빠지기 쉽습니다. 목적 달성을 위해 수단과 방법을 가리지 않습니다. 사소한 비판도 참지 못하고 화를 내지요. 이런 사람은 지나치게 자신을 몰아세우다가 번아웃을 경험하곤 합니다.

3.

상처 준
사람은
아무렇지
않은데,

왜   나는

이렇게
힘들까?

미안하다는 한마디가 그렇게 힘들까?

"저는 그냥 지시에 따랐을 뿐입니다", "누구라도 그 자리에 있었다면 그렇게 할 수밖에 없었을 걸요", "시키는 일의 효율을 높이기 위해 기술적으로 임무를 수행했을 뿐입니다." 상처를 준 사람들이 당당하게 하는 말들입니다. 이런 사람들은 자기가 잘못했다는 생각을 눈곱만큼도 하지 않습니다. 그래서 '조금이라도 양심의 가책은 있겠지?'라고 생각하던 피해자는 가해자의 이야기를 들으면 더 열 받게 됩니다. '어떻게 저럴 수 있지?'라는 생각에 가슴이 갑갑해지고 상처는 더 깊어집니다.

　　　상처를 준 사람이 "미안하다", "내가 잘못했다", "그땐 몰랐는데, 지금 생각하니까 잘못되었다고 생각한다"라는 말만 해도 상처받은 마음이 풀어질 텐데 "떡 줄 사람은 꿈도 안 꾸는데 김칫국부터 마신 격"이 됩니다. 상처받은 사람은 화병이 나서 밤잠을 설칩니다. 상처를 준 사람은 자신이 상처를 주었다는 생각조차 하지 않는데 말입니다. 참 이상하지요. 왜 상처받은 사람이 더 힘들어해야 하는 걸까요?

　　　상처는 '받는 사람의 아픔'입니다. 주는 사람은

대부분 기억하지 못합니다. 기억하더라도 절대 사죄하지 않습니다. 사죄하는 순간 죽음보다 큰 두려움을 견뎌내야 하는데, 그게 어렵기 때문이지요. 그래서 적반하장으로 나옵니다. 나는 시키는 대로 했을 뿐, 잘못하지 않았다고 우기는 것이지요.

　　　사람 사이에서는, 특히 사회생활에서는 내가 무심코 던진 말 하나가 누군가에게 상처가 될 수 있습니다. 나에게 상처를 준 누군가도 그런 식으로 상처를 받았을 것입니다. 상처 없는 사람은 없습니다. 일상생활과 일터에서는 사방에서 예고 없이 상처의 화살이 날아옵니다. 남에게 피해를 주면서도 그것을 자각하지 못하고 사는 사람이 많습니다.

일상의 평범한 악

"때리는 시어머니보다 말리는 시누이가 더 밉다"는 속담이 있습니다. 힘센 사람보다 그 편에 서서 덩달아 갑질하는 사람이 미운 게 현실입니다. 힘 있는 사람이 만든 프레임에 몰입한 나머지 앞장서서 효율적으로 그들의 지시를 달성하는 이들이 있습니다. 이들은 양심을 지키기보다는 힘 있는 사람의 충견이 되어 짖어대다가 그가 사라지면 '멘붕'에 빠집니다. 자신이 한 짓을 누구보다 잘 알기에 다른 사람도 자기와 같은 짓을 할 수 있을 거라고 생각하지요. 그래서 더 불안하고 안절부절못합니다. 권력 가까이 가려고 무리수도 마다하지 않습니다. 그런데 이런 부류의 사람은 특별한 사람이 아닙니다. 처음부터 악한 마음을 갖고 태어난 게 아니라는 것입니다. 같이 밥 먹고 어울리던 평범한 사람이 어느 순간 변하곤 하지요.

상처를 준 사람이 자기 잘못을 인정하지 않는다고 열 받지 않아도 됩니다. 그런 인간이니까요. 인간다움을 회복할 기회를 놓친 이들에게 연민의 마음을 보내는 건 어떨까요? 법적 책임을 묻는 것은 별개로 하고요.

아돌프 아이히만Adolf Eichmann은 나치 독일에서 히틀러를 위해 일했습니다. 아이히만은 전후 전범 재판에 넘겨집니다. 영화 〈아이히만 쇼〉에서 아이히만은 "자신의 죄를 인정합니까?"라는 심문에 "저는 잘못이 없습니다. 명령받고 명령에 따랐습니다. 제가 한 일은 행정 절차의 작은 역할입니다"; "저항해야 소용없다고 생각했습니다"

라고 답했습니다.

　　　철학자 해나 아렌트Hannah Arendt는 『예루살렘의 아이히만』에서 "이러한 무사유無思惟가 인간 속에 아마도 존재하는 모든 악을 합친 것보다 더 큰 파멸을 가져올 수 있다는 교훈이다"라며 '악의 평범성'을 말합니다. 아렌트는 "말하는 데 무능력함은 그의 생각하는 데 무능력함, 즉 타인의 입장에서 생각하는 데 무능력함과 매우 깊이 연관되어 있음이 점점 더 분명해진다"라고도 했습니다. 생각이 무능하다는 것은 자기가 무엇을 하고 있는지 전혀 깨닫지 못하는 것입니다. 사람 형상을 한 로봇이라고 할 수 있지요. 한국에서도 곳곳에서 유사한 이야기가 들려옵니다. "저는 모르는 일입니다. 시키는 대로 했을 뿐입니다."

권위에 복종하지 않는 법

'악의 평범성과 권위에 대한 맹목적 복종'에 관해 실제로 이루어진 실험이 있습니다. 1961년 미국 예일대학교 심리학 교수인 스탠리 밀그램Stanley Milgram의 실험은 평범한 사람들이 타인에게 죄책감 없이 상처를 주는 과정을 보여줍니다. 권위나 힘 있는 자(또는 국가, 조직, 단체, 집단)가 이념, 교리, 슬로건, 구호, 비전, 명분 등을 내세워 설득력 있는 지시를 교묘하게 내립니다. 지시를 받은 사람은 자신이 책임감을 가진 능동적인 주체라고 생각하지 못합니다. 결과에 대한 책임감은 권위자에게 있다고 믿습니다. 대리인의 상태agentic state에 빠집니다. 자신을 '권위자의 뜻을 기술적으로 충실히 달성해내야 하는 중요한 사람'으로 받아들입니다. 이런 관점을 갖게 되면 양심의 갈등이 생길 수 없는 상태가 됩니다. 인간의 존엄성과 공감 회로가 끊어져 위에서 시키는 일은 무엇이든 하는 로봇이 되어갑니다.

　　분명한 것은 모두가 그렇지는 않다는 것입니다. 자신의 행동에 대한 책임은 자신에게 있다는 것을 알면 좀비처럼 복종하지 않게 됩니다. 권위자에게 지시를 받아도 상황을 직시하고 자신의 책임을 자각하면 맹목적 복종에서 벗어날 수 있습니다. 내 마음속 욕심을 직면하고 내려놓을 용기가 있다면 일시적인 불이익을 감수하고도 복종에 저항하는 것이 가능합니다. 주위를 둘러보면 그러한 용기 있는 사람들이 있습니다. 그런 사람들이 있기에 세상은 아직도 살아갈만합니다.

저는 30년 넘게 회사 생활을 하면서 두 번 상처를 크게 받았습니다. 뜨내기 CEO에 의해 한 번은 일방적으로 좌천당했고, 한 번은 부당하게 저성과자로 몰려 모멸감을 주는 교육을 받았습니다. 이로 인해 안면마비, 대장결핵, 공황장애, 공포증 등을 겪어야 했습니다. CEO의 지시를 충실히 이행했던 사람들은 아이히만과 비슷한 말을 했습니다. 지시에 따라 자기 일을 기술적으로 잘 해낸 것이 뭐가 잘못이냐는 것이지요.

상처를 준 사람은 자신이 상처를 주었다고 생각하지 않는다는 것을 그때 깨우쳤습니다. 자신은 그저 맡겨진 일을 잘 수행했을 뿐인데, 잘못했다고 추궁하는 것이 오히려 더 억울하다는 것입니다.

주의해야 할 것은, 조건만 되면 갑과 을은 바뀔 수 있다는 것입니다. 가해자와 피해자도 뒤바뀝니다. 상처를 준 사람도 상처받을 수 있습니다. 그렇게 상처는 전염되어 갑니다. 상처가 사회 내에 퍼져 나가지 않도록 막아야 합니다. 상처받은 사람의 고통에 공감하고 알아차릴 용기가 필요합니다.

상처받은 사람은 오매불망 사과를 기다리기보다

는 자신의 상처를 보듬고 치유하면서 다시 상처받지 않도록 면역력을 키워야 합니다. 그리고 상처를 성장의 기회로 삼아야 합니다. 이런 기회는 다시 오지 않을 것이니까요.

4.

상처를 마주하기 힘들 때

우리가 할 수 있는 것

상처받지 않은 척 해왔다면

마음에 상처를 입은 사람은 약점을 보이지 않으려고 위장 전술을 씁니다. 겉으로는 상처받은 티를 내지 않습니다. 더 당당한 척합니다. 가면을 쓰는 것이지요. 상처가 아프고 보기 싫어 반창고로 가려놓습니다. 가려진 상처도 여전히 아프고 마음속에서 꿈틀거립니다. 반창고로 덮어둔 상처는 곪아 터져 더 커집니다. 더 큰 반창고로 덮어둡니다. 이제 상처에 조금만 닿아도 아픕니다. 이런 과정이 반복되는 동안 상처는 점점 더 커집니다. 이제는 아주 사소한 것도 상처를 건드릴 수 있습니다.

상처에 반창고를 덮어 가리는 것은 상처의 고통을 무시하고 상처를 배반하는 행위입니다. 주로 음식, 일, 운동, 술, 게임, 도박, 섹스, 쇼핑, 맹목적 헌신 등으로 상처를 덮습니다. 상처는 덮으면 덮을수록 뚫고 올라오려는 힘이 강해집니다. 호미로 막을 수 있던 것을 포클레인으로도 막지 못하는 상태가 되지요. 그 정도가 되면 몸에도 증상이 나타납니다. 그리고 환자 역할에 사활을 걸게 됩니다. 몸이 아프다고 하면서도 정작 몸에서 보내는 상처의 신호는 무시합니다. 내 몸과 마음에 솔직해져야 상처에서 벗어날 수 있습니다.

　　　상처를 회피하는 것은 더 큰 상처로 가는 지름길입니다. 사람들은 상처를 받으면 마음의 문을 닫아걸고 자신을 가두어버리지요. 상처의 고통을 회피하는 것은 악순환에 빠져드는 지름길입니다. 가슴에 꽂히는 첫 번째 화살은 통증을 느끼게 합니다. 그 통증을 있는 그대로 받아들이지 않고 덮으려 하면 두 번째 화살이 날아와 통증을 상처로 바꾸어버립니다. 그렇게 하면 곧 수십, 수백 발의 화살이 연달아 날아와 마음을 벌집으로 만듭니다. 그때는 어디서 화살이 날아오는지, 왜 자신에게 화살이 날아오는지 알 수 없습니다. 속수무책으로 계속 아파하게 됩니다. 시간이 지나도 잊을만하면 아픈 기억이 떠오릅니다.

　　　상처가 반복되는 이유

상처를 준 경험을 받아들이지 못하면 상처는 되풀이됩니다. 많은 이가 자신의 상처를 보지 못하고, 자신의 행동을 비난하며 죄의식과 두려움을 느끼고 후회합니다. 그러면 상처의 경험을 되풀이하게 됩니다. 그때의 상황과 사람을 계속 의식에서 밀어내기 때문이지요. 내가 받은 상처는 내가 온전히 받아들일 때까지 끊임없이 나를 찾아옵니다. 기꺼이 받아들이지 못하고 덮어둔 것은 심신증心身症(병리적 원인이 없는데도 신체적 불편함이나 기능 이상을 호소해 의학적 처치를 바라는 경향)의 형태로 다시 비집고 나옵니다.

과거의 상처에 집착하면 상처는 반복됩니다. 상처받을 당시의 당신은 어렸고 힘도 없었습니다. 제대로 대응하지 못한 상처는 마음속 깊이 새겨집니다. 내게 상처를 준 사람들을 잊는 것은 쉽지 않습니다. 상처를 떠올릴 때마다 갚아주어야겠다고 칼을 갈지만, 그 기억을 떠올릴 때마다 아픈 감정까지 다시 경험하게 됩니다. 스스로 고문하는 것과 다를 바 없습니다. 삶에서 경험하는 소중한 것들을 놓치는 대가도 치릅니다. 내가 거듭해 고통을 겪는 동안 상처를 준 이들은 상처를 준 사실도 기억하지 못합니다. 알고 있더라도 전혀 신경 쓰지 않지요. 그들은 아프지 않기 때문입니다.

소화된 상처는 아프지 않다

제가 만약 신입 직원과 과장 시절에 받았던 상처를 소화하지 못했더라면, 부서장 지위에 있을 때 입었던 상처를 치유하지 못했을 것입니다. 저는 회사에 들어간 지 1년 만에 고객에게 폭행을 당합니다. 화가 난 고객이 사무실로 들어오더니 다짜고짜 우산으로 제 얼굴을 때렸습니다. 안경이 깨지고 코뼈가 부러져 얼굴이 퉁퉁 부어올랐습니다. 아프고 당황스럽고 분노도 치밀어 올랐습니다.

코뼈 수술을 받고 출근했는데, 상사가 저를 부르더니 회사 이미지를 생각해서 그냥 넘어가라고 하는 것입니다. 때린 고객도 미웠지만 그렇게 시키는 상사가 더 미웠습니다. 서운하고 억울한 마음이 응어리가 졌습니다. '이게 조직인가? 이런 회사에 다녀도 될까?'라는 회의감이 들었습니다. '아무도 나를 도와주지 않는구나. 나를 지키려면 꼬투리 잡히지 않도록 일을 완벽하게 해야겠다'라는 생각에 혹독하게 나를 몰아붙였습니다. 그 당시 찍은 사진을 보면 얼굴이 경직되어 있고 조금의 여유도 보이지 않습니다. 몸과 마음이 늘 스트레스로 비상 상황에 처해 있던 것이지요.

약 10년 뒤, 저는 회사의 주요 부서에서 과장으로 일하고 있었습니다. 사내 정치가 심했는데, 거기에 휘말려 혼자 지방으로 좌천성 발령을 받았습니다. 근무하던 직원을 모두 철수시키고 저 혼자 80평이 넘는 사무실에서 덩그러니 일하게 했습니다. 일도 대부분 다른 사람의 뒤치다꺼리로, 제 잘못이 아닌데도 제가 책임질 위험한 것들이었죠.

매일 매 순간 저를 이렇게 좌천시킨 자들에 대한 적개심, 복수심이 끓어올랐습니다. 실수하거나 허점을 보이면 완전히 당한다는 불안감에 두 배, 세 배 완벽하게 일하려 했습니다. 그러자 점차 몸과 마음이 무너져 내렸습니다. 잇몸이 녹아내리고 멀쩡하던 이가 흔들려 3개나 뽑았습니다. 치열이 생겨 수술도 받았습니다. 대장결핵, 자율신경 실조증과 부정맥이 나타났습니다. 비행기·배·기차·전철·엘리베이터를 타지 못하는 공포증도 생겼습니다. 높은 곳에 올라가지도 못했고, 터널은 물론 지하 주차장에도 들어가지 못했습니다. 불면증에도 시달렸습니다.

제가 만약 술을 잘했다면 술에 의존하는 사람이 되었을 것입니다. 도무지 못 버티겠다 싶어 지푸라기라도 잡는 심정으로 명상과 마음챙김을 배우기 시작했습니다. 차츰 내 안에 있는 응어리진 상처가 보였습니다. 상처가 조금씩 풀리면서 점차 마음에 평화가 찾아왔습니다. 몸과 마음에 덕지덕지 붙어나던 상처의 찌꺼기들도 하나둘씩 떨어져 나갔습니다. 이제 좀 살 것 같아지자 주위가 보이기 시작했습니다. 가족도 친구도 회사 동료도 보이기 시작했습니다.

만약 제가 지난 상처를 붙잡고 계속 씨름했더라면 상처를 준 사람들에게 복수하기 전에 제가 먼저 상처의 독에 쓰러졌을 것입니다. 다행히도 상처를 치유하면서 상처에서 벗어나는 방법을 배울 수 있었습니다. 오랫동안 마음속에 품고 있던 상처를 직면하고 소화하게 되었습니다. 심리적 맷집이 생기자 상처를 받아도 빠르게 회복하게 되었습니다.

상처를 치유한다는 것은, 상처받은 기억이 사라지는 것이 아닙니다. 기억은 더 선명해집니다. 다만 그 기억에 붙어 있던 부정적 감정과 신체 감각을 다르게 대할 수 있게 됩니다. 불쾌한 감정과 감각에 압도당하지 않고 소통할 수 있게 됩니다. 또 감정에 휘둘리지 않고 담담하고 당당하게 행동하게 됩니다. 상처에 대처할 힘이 생깁니다.

　　나에게 상처 주는 사람에게 주었던 주도권을 다시 가져오게 됩니다. 상처를 뛰어넘는 성장은 덤이지요. 용서하는 것도, 처벌하는 것도, 연민의 마음으로 바라보는 것도 내가 결정할 수 있습니다. 더는 상대에게 매이지 않고 자유롭게 대응할 수 있습니다. 부딪쳐야 할 때 제대로 부딪칠 줄 알게 되고, 평소에는 현재의 삶에 충실할 수 있습니다.

5.

작지만
큰 차이 :

상처,
스트레스,
트라우마

상처, 스트레스, 트라우마는 어떻게 다를까?

마음의 상처는 사소한 것부터 세상이 무너지는 것 같은 큰 상처까지 다양합니다. 지나가는 길에 아는 사람을 봤는데 인사를 하지 않아 약간 상처를 받기도 하고, 의지하던 사람의 죽음으로 깊은 상실감을 느끼기도 합니다.

스트레스에는 유익한 스트레스eustress와 유해한 스트레스distress가 있습니다. 유해한 스트레스는 일상적인 골칫거리부터 자연재해, 전쟁, 폭력, 사고 등 생명과 안전을 위협하는 스트레스까지 범위가 넓습니다.

트라우마外傷, trauma도 외상 후 스트레스 장애에 해당하는 큰 트라우마Trauma부터, 상사의 질책으로 자존감이 떨어지는 정도의 작은 트라우마small trauma까지 범주가 넓습니다. 트라우마는 현대의 삶에 만연해 있습니다. 지진과 태풍 같은 거대한 재해에서만 생겨나는 것이 아닙니다. 일상의 사소한 경험들로 인해서도 발생합니다. 우리는 때로 우리가 자각하지도 못하는 사이에 트라우마에 노출되기도 합니다.

'상처', '스트레스', '트라우마'는 고통의 깊이와 정도에 따라 명확하게 구분되지 않습니다. 적당히 고통스러우면 스트레스, 심하면 상처, 더 심하면 트라우마가 되는 것이 아닙니다. 그보다는 일상적으로 사용하는 용어인지, 과학적·진단적 용어인지의 차이라고 보는 것이 적절한 것입니다. 상처는 몸에 난 상처와 같이 마음에도 사용하는 일상적인 말입니다. 반면 스트레스와 트라우마는 과학적 연구에 사용되는 용어입니다. '급성 스트레스 장애', '외상 후 스트레스 장애'는 스트레스와 트라우마의 극단적 범주에 속하는 진단 용어입니다.

상처와 스트레스, 상처와 트라우마

마음의 상처도 스트레스 반응으로 설명할 수 있습니다. 마음의 상처는 심리적 경계를 공격받을 때 생기고, 스트레스 반응과 신경생리학적 반응이 나타나게 합니다. 스트레스 반응은 생명 유지에 꼭 필요한 정상적인 반응입니다. 우리 몸은 외부의 자극을 받으면 경계 태세에 돌입하지요. 자율신경 시스템과 내분비 시스템을 통해 스트레스 호르몬인 아드레날린과 코르티솔을 분비합니다. 심장박동이 빨라지고, 호흡이 거칠어지며 혈압이 오릅니다. 근육은 뭉치고요. 살아남으려면 맞서 싸우거나 도망가야 합니다. 스트레스 반응은 이성적 뇌가 작동하기 전에 일어납니다.

마음에 상처를 받을 때도 트라우마 반응이 일어납니다. 다른 사람 앞에서 망신을 당하거나 사랑하는 사람이 죽으면 큰 충격을 받게 됩니다. 이럴 때 '싸움fight-도주flight-얼어붙음freezing 반응'이 일어납니다. 얼어붙음 반응은 고양이 앞의 쥐처럼 옴짝달싹 못하게 얼어붙고, 무감각해지는 상태입니다. 주로 정신적으로 감당하기 어려운 큰 상처를 받았을 때 나타납니다. 얼어붙음 반응은 큰 트라우마에서 느끼는 '무력감'과 연관 있습니다.

왜 상처받으면 얼어붙을까?

트라우마 치유 전문가 피터 러빈Peter Levine은 인간에게 트라우마 증상이 나타나는 이유에 대해 "인간은 자신 안에 방출되지 못한 강력한 에너지를 신경 시스템에 저장해 트라우마 증상이 나타난다. 이성적인 뇌가 치유를 방해하기 때문이다"라고 말합니다.

인간에 비해 동물은 자가 치유 능력이 뛰어나다

고 합니다. "얼음 상태에서 이성적인 뇌를 갖지 않은 야생의 동물들은 타고난 치유 본능으로 자연스럽게 벗어난다. 툭툭 털거나 부르르 떠는 행동을 통해서." 우리 몸에도 치유 시스템이 내장되어 있으나 동물처럼 가동하지 못합니다. 치유하려면 동물의 본능적 방식을 따라 해야 합니다.

얼어붙음 상태를 잘 나타내는 말이 있습니다. '멘붕'이라는 말입니다. 멘붕은 주로 자연재해, 교통사고, 폭행, 성폭력 같은 심각한 사건에 의해서 생기지만 친구들 앞에서 창피를 당하거나, 중요한 시험을 망쳤을 때도 생길 수 있습니다.

저는 고등학교 2학년 때 자격시험에 낙방했습니다. 공업고등학교 학생은 기능사 2급 자격시험을 보고 공장에 취직하던 시절이었습니다. 저는 성적이 상위권이었고 시험도 어렵지 않았습니다. 만점도 기대하고 있었지요. 시험 결과가 나온 날 담임선생님이 칠판에 불합격자 2명을 적는데 한 명은 저였고, 한 명은 출석만 겨우 하는 친구였습니다. 말 그대로 멘붕이었습니다. 자격증을 따지 못하면 취직할 수 없을 테고, 그러면 동생들 뒷바라지를 하지 못할 테니까요.

거짓말 같았고, 말문이 막혔습니다. 화를 내지도 울지도 하소연하지도 못했지요. 왜 떨어졌는지 확인도 하지 못했습니다. 지금에야 추측하는 것은, 당시는 컴퓨터라는 용어조차 생소한 시절이었는데, 처음 도입된 컴퓨터 채점 때문이 아니었나 싶습니다. 연필로 답을 칠하는 방식이었는데 너무 흐릿하게 칠하는 바람에 컴퓨터가 인식하지 못해 불합격 처리되었던 거죠. 정말로 답답하고 한으로 남는 상처였지요. 필기시험에 합격한 친구들이 실기시험을 준비하기에 저도 같이 준비했습니다. 친구들이 전세 버스를 타고 시험 보러 갈 때 저도 같이 가서, 시험장에 들어가지도 못하고 버스에 혼자 남아 펑펑 울었습니다. 그때까지도 필기시험 결과를 받아들이지 못했습니다.

그 이후 습관적으로 시험을 미루는 경향이 생겼습니다. 뚜렷한 이유 없이 기분이 가라앉고 불안과 두려움이 올라왔습니다. 기회를 놓치고 후회하기도 했습니다. 그러면서 제대로 인정받지 못한다고 억울해 했습니다. 시험 방식을 비난하고, 시험을 잘 본 사람을 폄훼하기도 했습니다. 이런 마음은 상처 치유 이후 기억을 받아들이고 가족에게 털어놓은 후에야 떠나보낼 수 있었습니다.

6.

살아남기 위한 몸부림:

생존 본능과 스트레스 반응

몸은 마음의 상처에 반응한다

왜 마음에 상처를 받으면 화, 분노, 억울 같은 감정이 화산처럼 솟구칠까요? 심장이 쿵쾅거리고 얼굴이 벌겋게 달아오릅니다. 상처를 준 사람을 응징하고 싶은 충동이 꿈틀거립니다. 인간은 위협이나 공격을 받으면 스트레스 상태에 놓입니다. 그리고 생존을 위해 자동적으로 최적화된 반응을 합니다. 이는 원시시대 야생에 살던 인간이 살아남기 위해 발달시킨 자기 보호 장치입니다.

상처를 받으면 생존 유지에 깊이 관여하는 시상하부가 반응합니다. 시상하부는 두 가지 경로를 통해 위기 상황을 알리고 자동 반응을 유도합니다. 하나는 스트레스 호르몬을 내보내라는 지시고, 다른 하나는 자율신경계를 활성화하는 지시입니다. 지시와 반응 속도에서 보면 전자는 일반 도로, 후자는 고속도로에 비유할 수 있습니다.

시상하부에서 CRH corticotropin-releasing hormone (부신피질자극호르몬분비촉진호르몬)가 분비되어 뇌하수체에 도달하면, 뇌하수체에서 ACTH adrenocorticotropic hormone(부신피질자극호르몬)가 방출됩니다. ACTH가 전신을 돌아 부신피질에 도달하면 부신피질호르몬, 이른바 스테로이드호르몬이 방출됩니다.

　　　스테로이드호르몬은 생존용 긴급피난 보호 장치
입니다. 염증과 면역반응을 억제하고, 골격근·심폐·중추
신경계로 향하는 혈류를 늘려 혈압을 높이고 혈당치를 높
입니다. 눈앞에 닥친 전투에 필요한 부분에만 에너지를 집
중하는 거지요. 세균·알레르기 물질과는 잠시 휴전하고,
소화기관에서 소모하는 에너지는 회수합니다.

　　　　　상처를 받으면 인격이 바뀌는 이유
상처를 받으면 인지認知에도 변화가 생깁니다. 뇌는 본능
을 담당하는 파충류 뇌, 감정을 담당하는 포유류 뇌, 그리
고 이성을 담당하는 인간의 뇌(신피질)로 구성되어 있습니
다. 인간의 뇌는 상처받는 상태에서 원활하게 작동하지 못
합니다. 생존을 담당하는 파충류 뇌와 포유류 뇌가 먼저
작동하기 때문이지요. 엄청난 양의 에너지를 동원한 싸움
또는 도주fight or flight, 아무렇지 않은 척하기(얼어붙음) 반
응이 일어납니다. 이런 생존 반응의 결과 근육이 심하게
긴장하고 공포·불안·수치·당혹·화·분노 등의 흔적이 남

습니다.

이런 반응은 자동적으로, 빈틈없이 작동합니다. 수백만 년의 진화 과정을 통해 인간의 유전자에 새겨진 것으로, 위험 상황에서 생존할 수 있게 해줍니다. 하지만 자동화된 반응은 문제를 일으키기도 합니다. 상황을 잘못 인식해 더 상처받는 행동을 하지요. 건강하지 못한 선택을 하기도 합니다. 자신의 욕구·바람·기대·감정을 알아차리지 못하고 상대에게 마음을 제대로 전달하지 못합니다.

교감신경계와 부교감신경계는 길항작용(한 물질의 작용이 다른 물질에 의해 저해 또는 억제되는 경우, 양자를 서로 길항적이라고 하고 이 작용을 길항작용이라 합니다)을 합니다. 과민한 상태는 신경계의 가속장치고, 무력감은 제동장치라고 할 수 있습니다. 심각한 상처를 입으면 제동장치와 가속장치가 동시에 작동합니다. 과열된 에너지가 무력감에 억눌려 빠져나가지 못하고 응축됩니다. 큰 상처를 받은 후 얼어붙음 반응이 풀리지 않으면, 응축된 에너지는 분출하려고 합니다. 얼어붙음 반응에서 빠져나오려는 반복적인 충동은 아주 강박적입니다. 이런 이유로 사람은 의식하지 못한 채 과거의 상처를 되풀이합니다.

7.

감정이
보내는 신호

알아차리기

몸의 감각에 주의를 기울일 것

마음에 상처를 받으면 몸도 반응합니다. 소화가 안 되고 두통도 생기지요. 반대로 몸을 다쳐도 부정적인 감정이 일어납니다. 사고 장면에 대한 무서움, 통증에 대한 두려움, 사고를 낸 것에 대한 자책감을 느낍니다. 사고를 부추긴 요소에 대한 분노도 올라옵니다. 몸과 마음은 서로 연결되어 있는 연속체body & mind continuum입니다. 그래서 마음의 상처도 몸의 감각이 보내는 신호를 통해 접근할 수 있습니다.

저는 사내 정치로 좌천을 당했을 때 계속 왼쪽 배가 아팠습니다. 동네 병원에서 게실憩室이라는 진단을 받고 약을 먹었습니다. 그렇게 해도 계속 배가 아파서 대학 병원에 갔더니 대장결핵으로 장폐색이 반 이상 진행된 것으로 나타났습니다. 병이 난 데는 여러 요인이 있었겠지만, 마음의 상처로 인한 스트레스 반응이 가장 컸을 것입니다. 부정적 감정이 스트레스 반응을 일으키고 몸에 영향을 준 것입니다. 몸의 치료를 위해 약을 먹으면서 마음의 상처를 치유하는 작업도 함께 해나가자 2년 만에 몸도 마음도 정상으로 돌아왔습니다.

미국의 신경생리학자이며 약학자인 캔대스 B. 퍼

트Candace B. Pert는 『감정의 분자』라는 책에서 몸과 마음을 소통하는 화학물질을 소개합니다. 신경펩티드neuropeptide 는 뇌와 신체에 신호를 전달합니다. 퍼트에 따르면 뇌와 각 신체 기관도 각각 느끼고 생각하고 듣고 말하고 상호 소통합니다. 뇌에서 일어나는 생각은 신체 각 기관에 변화 를 초래합니다. 반대로 신체 기관의 감각도 뇌의 생각, 감 정, 느낌에 변화를 줍니다.

감정 에너지는 그냥 사라지지 않는다

상처를 받으면 마음에 부정적 감정(정서affect는 표정·제스 처·말·행동 등을 통해 다른 사람이 객관적으로 관찰 가능한, 밖으 로 표출된 감정 상태를 의미합니다. 기분mood은 적어도 몇 시간에 서 며칠 동안 지속되는 반응으로 감정과는 다릅니다. 기분에는 유쾌 한pleasant, 불쾌한unpleasant, 중립적인normal 3가지 종류가 있습니 다)이 일어납니다. 하지만 많은 사람이 가면 뒤에서 울고 분노하면서도 태연한 척 연기합니다. 끓어오르는 감정 에 너지를 처리하지 못하게 됩니다. 감정 에너지는 표정·목 소리·행동 등으로 소모해야 자연스럽게 없어집니다.

어떤 감정이 일어나는 데는 그만한 이유가 있습니다. 무시되어도 되는 감정은 하나도 없습니다. 감정은 상황과 조건에 따라 자연스럽게, 그리고 반드시 생겨납니다. 상처를 받으면 그에 걸맞은 감정이 일어납니다. 화·분노·억울함·모욕감·수치심 등의 감정이 일어나지요. 화가 나는 상황인데도 즐거운 감정이 들거나 아무런 감정도 느끼지 못하면 문제가 있는 것입니다.

감정을 억누르면 안 되는 이유

감정은 나에게 닥친 상황이 생존에 유리한지 불리한지 알아차리고 어떻게 대처해야 하는지 신호를 보내줍니다. 생존에 불리하면 긴장·두려움·불안을 느끼고, 유리하면 안도감·평온·기쁨·즐거움을 느끼지요. 두려움과 불안이 닥치면 뇌는 교감신경을 작동합니다. 신체를 신속하게 공격·도주 태세로 전환시킵니다. 평온을 느끼면 부교감신경이 작동되어 신체를 이완 상태로 돌려놓습니다. 불안이든 편안이든 감정을 있는 그대로 인정하고 받아들일 수 있어야 합니다.

감정은 억누를수록 에너지가 뭉칩니다. 감정을 알아차리는 법을 잊은 사람도 있습니다. 내면에서 일어나는 감정은 알아차리지 못하면 쌓이게 됩니다. 어떤 사람은 자신에게 유리한 감정만 알아차리지요. 의도적으로 내면의 감정을 검열하는 것입니다. 소화되지 못하고 억눌린 감정은 점점 더 뭉쳐서 결국은 터져버립니다. 신체적·정신적 증상이 나타나고 나 자신을 장악합니다. 마음의 상처를 받았으면서도 감정을 모른 체하면 상처 치유의 기회는 멀어집니다. 지금 내 안에서 일어나는 감정은 상처 치유의 중요한 안내자입니다.

저는 좌천으로 상처받았을 때 감정을 풀지 못했습니다. 혼자 이겨내야 한다는 강박적인 절박함에 사로잡혀 있었습니다. 적개심이 마음속을 파고들었습니다. 그렇게 쌓인 감정이 대장결핵, 치질 등으로 몸에 나타났던 것입니다. 원한이 쌓여 불면증이 생기고, 전화벨 소리만 들려도 화가 치솟았습니다. 불안과 함께 죽을 것 같은 공포가 느껴졌습니다. 지하철과 엘리베이터도 타지 못하고 지하 주차장에 들어가지도 못했습니다.

감정≠나

감정의 실체를 알아차리는 것이 상처 치유의 핵심입니다. 많은 이가 감정이 곧 자기 자신이라고 생각합니다. "나는 화났다", "나는 슬프다", "나는 행복하다"라고 말하지요. 화난 감정, 행복한 감정, 슬픈 감정을 자신과 동일시하기 때문입니다. 감정이 곧 나라면, 진정한 나는 누구일까요? 슬픔일까요? 기쁨일까요? 분노일까요? 감정이 곧 나라면 상처에 대처하는 게 불가능합니다. 슬픔이 곧 나니까요. 하지만 나는 감정 그 자체가 아닙니다. 나는 '그 감정을 느끼는 사람'입니다. "나는 슬프다"가 아니라 "나는 슬픔을 느낀다"라고 말해보세요.

감정은 '내가 느끼는 어떤 것'입니다. 이를 알아차리는 것은, 강물에 휩쓸려 떠내려가다가 구명구를 잡는 것과 같습니다. 감정을 신체가 느끼는 감각처럼 생리적인 현상으로 보게 됩니다. 그래서 "나는 화가 난다"를 "나는 몸속에서 화의 감정을 느낀다"로 바꿀 수 있게 됩니다. 화날 때 몸속에서 심장이 쿵쾅거리고, 목이 콱 막히는 느낌을 알아차릴 수 있습니다. 가슴이 조이고 뻐근하고, 숨이 가빠지고, 얼굴이 화끈거리는 것을 느낍니다. 복부가 단단해지고, 손과 발이 긴장되어 부들부들 떨리는 것도 느낄 수 있습니다.

　　　몸의 감각으로 화났다는 감정을 알아차릴 수 있습니다. 이런 발견은 상처 치유에 대단히 중요합니다. 감정에 속수무책으로 휘둘리지 않고 주도권을 쥘 수 있기 때문입니다. 그러면 내 안에서 일어나는 감정들을 좀더 편하게 받아들일 수 있고, 잠시 놔둘 수도 있습니다. 감정이 격하게 일어나면 잠시 옆으로 비켜 다독여주는 여유도 누릴 수 있지요. 생각·느낌·기분·감각은 나의 본질이나 실체가 아닙니다. 몸과 마음에서 생겼다가 사라지는 현상일 뿐입니다.

감정 이면의 동기 알아차리기

상처를 치유하려면 감정에 밀착된 동기motivation를 알아차려야 합니다. 감정을 느낄 때마다 따라오는 동기가 있습니다. 동기란 어떤 것을 하려는 충동·욕구drive를 말합니다. 예를 들어 공포는 도피하려는 동기를 동반하고, 분노는 공격하려는 동기를 동반합니다. 감정은 시간이 지나면 약해지지만 동기는 만족할 때까지 사라지지 않습니다. 저는 어릴 적 열등감을 느끼곤 했는데, 그 안에는 인정받고 싶은 동기가 있었습니다. 인정받고 싶은 동기(욕구)는 굉장히 강한 집착의 뿌리입니다. 저는 자라면서 나름대로 많은 성취를 이루었지만 내면에서는 항상 인정 욕구가 꿈틀거렸습니다. 늘 나는 부족하니 성취해야 한다는 조바심을 느꼈고 불안에 시달렸습니다. 자존감이 떨어져 과감하게 밀고 나가지 못하고 머뭇거리는 경우도 많았습니다. 상처를 치유하면서 인정받고 싶은 욕구가 있었다는 것을 알게 되었습니다. 이제는 그 욕구를 인정하고 지켜볼 수 있습니다. 덕분에 훨씬 여유롭고 편안해졌습니다.

직장인 A 씨는 상사의 말 한마디에 그날 기분이 오락가락합니다. 회의 중에 들은 칭찬 한마디에 안도감을 느끼고, 칭찬을 한마디도 듣지 못한 날은 안절부절못하고 불안해합니다. A 씨는 왜 그렇게 상사의 한마디에 휘둘리는 것일까요? A 씨는 상사를 자신의 아버지로 보았던 것입니다. A 씨는 어릴 적에 아버지에게 칭찬을 듣지 못했습니다. 그래서 아버지에게 칭찬받고 싶다는 욕구가 있었고, 아버지와 유사한 상사에게 칭찬을 기대했던 것입니다.

A 씨가 자신의 욕구를 의식하지 못하는 한 상사의 말에 상처를 받을 수밖에 없습니다. 상사는 A 씨에게 상처를 주지 않았는데도 A 씨는 혼자 상처를 받아버리고 상사는 가해자가 되어버립니다. A 씨가 자신의 욕구를 알아차릴 때까지 악순환은 멈추지 않을 것입니다.

저는 부서장 직위에 있을 때 3년짜리 뜨내기 CEO에게 저성과자로 낙인찍혀서 수모를 당했습니다. 집합 교육, 자기반성 글쓰기, 새벽 인력시장 체험 등을 해야 했습니다. 형광 조끼를 입고 등에 감시 번호를 붙이고 현장 작업도 했습니다. 동료와 후배들이 보는 앞에서 노역하는 기분은 참담했습니다. 저에게 우호적이었던 직원들도 슬슬 저를 피하기 시작했습니다. CEO에게 찍힐까 두려웠던 것이지요.

가만히 있는데 뒤통수 맞은 격입니다. 이 일로 저는 급성 안면마비를 겪었습니다. 아침에 일어나니 왼쪽 얼굴이 일그러져 있었습니다. 자존감이 무너져 내리고, 분노의 감정이 솟구치면서 그 CEO를 응징하고픈 동기가 가슴에 꽉 들어찼습니다. 격렬하게 요동치는 감정에 휘청거리기도 했습니다. 하지만 꾸준히 마음챙김 명상을 해왔기에 몸이 알려주는 감정을 알아차릴 수 있었습니다. 제 자존감을 해치는 동기의 뿌리를 찾아 뽑고 또 뽑았습니다. 응징의 욕구는 아직도 남아서 불쑥불쑥 찾아옵니다. 그럴 때마다 마음챙김 수련을 합니다.

8.
어린 시절의
상처는

지워지지
않는다

과거의 상처에 휘둘리지 않으려면

과거의 상처에 휘둘리지 않으려면 과거의 상처를 꼭꼭 숨겨두지 말고 밖으로 꺼내서 마주해야 합니다. 상처 치유를 하다보면 과거의 상처가 드러나기도 합니다. 대부분 기억하고 싶지 않아 깊숙한 곳에 숨겨둔 상처입니다.

이런 상처는 평소에는 숨어 있다가 조건이 되면 얼굴을 내밉니다. 그러면 상처받았던 그때의 감정, 기억, 이미지, 생각, 냄새와 같은 감각까지도 떠올라 생생하게 다시 경험하게 됩니다. 오래 묵은 상처는 떠나보내지 않으면 그냥 사라지지 않습니다. 상처의 흔적은 언제든지 뚫고 나올 기회를 노립니다. 노인이 되어서도 어린아이 때 받았던 상처의 아픔을 느낍니다. 과거의 상처는 새로운 상처를 건드려 더 아프게 느끼게 합니다.

나도 모르게 별거 아닌 사소한 문제에 분노가 치밀기도 합니다. 지크문트 프로이트Sigmund Freud가 말한 것처럼 무의식unconscious에 묻혀 있던 감정이 뚫고 나온 것입니다. 프로이트는 의식에서 받아들일 수 없는 수많은 생각과 감정이 무의식에 묻혀 있다고 말합니다. 마음속 자동 검열 기능이 작동한 결과입니다.

불쾌하고 고통스러운 기억을 마음속 깊숙이 묻어버리는 것을 정신분석에서는 '억압'이라고 합니다. 무의식 속에 억압되어 있던 오랜 기억들이 갑작스레 의식에 나타나기도 합니다. 사소해 보이는 어떤 것이라도 단서가 되어 억압된 기억을 불러올 수 있습니다.

이유 없이 힘들고 화가 난다면

깊숙이 쌓여 있는 과거의 상처 기억은 현재의 삶에 영향을 끼칩니다. 스스로도 이해하지 못할 정도로 사소한 것에 지나치게 반응합니다. 어떤 사람을 보면 괜히 긴장되고 적대감이 올라오기도 합니다.

저는 어렸을 때 어머니에게 잔소리를 많이 들었습니다. 어렸을 때 저희 집은 농사를 지었는데, 농사일을 거들 때마다 칭찬은 커녕 잔소리에 시달렸습니다. 추수할 때 낫으로 벼 밑동까지 바싹 끊지 않는다고 잔소리를 들었던 것은 아직도 생생하게 기억납니다. 저는 어머니의 잔소리를 듣고 나면 잘할 수 있는 일도 제대로 하지 못했습니다. 긴장되고 힘들고 짜증이 나서 일하는 것도 싫어졌습니다.

　　　이런 경험은 제 마음에 깊이 박혀 계속 제게 영향을 주었습니다. 저는 조심스럽고 신중하게 준비가 되지 않으면 무엇도 시작하지 못했습니다. 회사에서 상사의 지적을 받으면 부당하게 간섭받는 것 같아 화가 나기도 했습니다. 그럴수록 저 자신에게 엄격해졌지요.

　　　회사에서 신중한 일 처리로 성취감도 맛보았으나 몸과 마음은 늘 긴장 상태였습니다. 얼굴에 긴장한 상태가 드러날 정도였습니다. 그런 상태에서 어려운 일을 당하자 강박적으로 저 자신에게 완벽을 요구하게 되었습니다. 몸과 마음이 소진되어 심각한 신체적·심리적 문제를 겪었습니다. 나중에 상처를 치유하는 과정에서 완벽을 추구하는 경향이 어릴 적 어머니의 잔소리와 관련 있었다는 것을 알아차렸습니다.

상처받은 어린아이 받아들이기

마음속에 상처받은 어린아이가 있으면 성인이 되어서도 상처가 반복됩니다. 여전히 화가 난 내면 아이는 성인의 모든 행동에 영향을 끼칩니다. 특히 자신이 상처받은 사건과 유사한 상황을 맞으면 당시의 감정·생각·기분이 그대로 되살아납니다. 당시의 표정과 행동을 그대로 반복하기도 합니다. 그래서 상처의 뿌리를 뽑으려면 어린 시절의 상처를 발견하고 치유해야 합니다.

심리학자이며 가족치료사인 존 브래드쇼John Bradshaw는 "과거에 무시당하고 상처받은 내면아이neglected, wounded inner child of the past가 바로 사람들이 겪는 모든 불행의 가장 큰 원인이라고 믿는다"라고 말합니다. 브래드쇼는 마흔 살 때 휴가지에서 가족 모두가 공포를 느낄 정도로 격노한 뒤 가족을 버려두고 혼자 휴가지를 떴습니다. 그는 자신이 어린 시절 아버지에게 상처받았을 때 아버지가 보였던 방식으로 행동했음을 뒤늦게 알아차렸습니다.

애착의 3가지 유형

상처를 치유하려면 어릴 적 받은 상처를 자각해야 합니다. 사람은 어린 시절에 양육자나 특별한 사람과 친밀한 정서적 관계를 맺으며 애착attachment을 형성합니다. 애착 형성이 불안전하면 삶의 모든 부분에 부정적인 영향을 미치게 됩니다.

미국의 심리학자 해리 할로Harry Harlow와 영국의 정신분석가 존 볼비John Bowlby가 애착 이론을 소개했습니다. 심리학자 메리 아인스워스Mary Ainsworth와 동료들은 '안정 애착', '안정 회피 애착', '불안정 저항 애착' 등 애착의 유형을 제시했고, 이후 다른 연구자들은 애착 유형이 삶의 전반에 영향을 미친다는 것을 밝혀냈습니다. 상처를 치유하려면 자신의 애착 유형을 먼저 자각해야 합니다.

아인스워스는 애착의 기능을 설명하기 위해 '안전기지'라는 용어를 사용합니다. 안전기지는 안전이 보장되고 안도감 드는 상징적 공간입니다. 안정 애착 유형은 양육자가 안전기지 역할을 훌륭하게 해냈을 때 형성됩니다. 아이는 위험을 느끼면 양육자에게 애착 행동을 보입니다. 양육자에게 애정과 안전을 느낀 아이는 안정적이고 적극적인 사람으로 성장합니다. 자신의 정체성을 유지하면서도 상처를 주거나 받는 상황을 적절히 관리합니다.

불안정 회피 애착 유형은 양육자가 안전기지의 역할을 전혀 하지 못했을 때 형성됩니다. 이런 아이는 위험을 느껴도 애착 행동을 보이지 않습니다. 양육자와 떨어져도 반응이 거의 없으며, 다시 만나도 눈도 맞추지 않고 안기지도 않습니다. 불안정 회피 애착 유형 아동은 성인이 되어서도 대인 관계에서 얽매이는 것을 싫어하고 다른 사람과 거리를 둡니다. 자신이 속한 조직이나 집단과도 거리를 둡니다. 자신이 관심 있는 사람 외에는 만나려고 하지 않습니다. 그런 시간이 아깝다고 여깁니다. 쓸데없는 책임을 지지 않으려고 일에도 적극적 참여하지 않습니다. 상처받기 쉬운 조건만 늘어납니다.

불안정 저항 애착 유형은 양육자가 안전기지의 기능을 충분히 하지 못했을 때 형성됩니다. 이 유형의 아이는 양육자와 떨어지면 심하게 불안해하며 막무가내로 웁니다. 양육자가 다시 나타나 안아주려 하면 거부하거나 싫어합니다. 그러다가 한번 안기면 좀처럼 떨어지려 하지 않습니다. 이런 아이는 성인이 되어서도 피해 의식에 빠지기 쉽습니다. 다른 사람의 인정에 지나치게 의존합니다. 누군가 자신을 거부하지 않을까 예민하게 반응합니다. 자존감에 상처를 많이 받게 됩니다. 외부 상황에 지나치게 민감하고 사소한 일에 집착합니다. 상대가 자신의 기대에

미치지 못하면 자책하거나 상대를 험담하며 적개심을 나
타내기도 합니다.

9.

치유가
시작되는

순간

내 마음에 들어온 가시, 상처 마주하기

몸과 마음의 신호에 귀 기울이기

상처를 치유하려면 몸과 마음에서 올라오는 신호에 귀를 기울여야 합니다. 상처를 받으면 우리의 몸과 마음은 일단 멈추고 상처를 들여다보라는 신호를 보냅니다. 상처와 마주하는 것은 몹시 고통스럽습니다. 그래서 많은 사람이 상처가 곪아 터질 때까지 마주하지 않으려고 하지요. 외면하고 덮어버립니다. 하지만 치유되지 않은 상처는 더 많은 상처를 입힙니다.

상처가 커지기 전에 치유하려면 몸에서 어떤 신호를 보내는지 알아야 합니다. 마음속에 어떤 것들이 오고 가는지 알 수 있어야 합니다. 상처 치유는 어렵게 시작할 필요가 없습니다. 지금 내 몸과 마음이 전해주는 신호를 알아차리면 시작됩니다.

저는 직장에서 좌천당해 고통받았을 때 온갖 증상을 겪으면서도 몸이 보내는 신호를 자각하지 못했습니다. 변비가 심해져 치질이 생기고, 잇몸이 무너져 생니를 뽑아야 했습니다. 가슴이 두근거리고 숨이 가빠서 부정맥 검사도 받았습니다. 대장결핵으로 수술을 받으면서도 지금 아픈 것만 치료하면 된다고 생각했습니다. 잠을 못 자면 몸을 움직여서 지치게 하면 된다고 생각했습니다.

몸의 신호를 무시하고, 마음에서 일어난 감정을 알아차리지도 다독거려주지도 못했습니다. 그냥 화가 났습니다. 나를 좌천시키고 힘들게 한 사람들에 대한 비난과 험담, 혐오만 늘어갔습니다. 번아웃되고 면역력이 떨어지면서도 억눌린 감정들이 몸 곳곳을 자극한다는 것, 스트레스 호르몬으로 온몸이 젖었다는 것은 몰랐습니다. 누구도 제게 잠시 멈추고 몸과 마음의 비명을 들어야 한다고 말해주지 않았습니다. 아니, 제가 도움을 요청하지 않았다고 하는 것이 더 맞는 말일지도 모르겠습니다.

상처와 반응

상처에 반응하는 것은 몸과 마음 모두입니다. 상처는 감각, 감정, 생각, 기억, 이미지로 몸과 마음에 저장됩니다. 그래서 몸과 마음은 중요한 치유 자원입니다. 몸에 주의를 기울이면 몸은 중요한 정보를 다 내어줍니다. 과거부터 쌓아놓은, 받아들이기 어려운 상처에 관해 알려줍니다.

마음은 경험을 무의식적으로 평가합니다. 그 경

험이 생존에 유리(유쾌)한지 불리(불쾌)한지, 유리하지도 불리하지도 않은지 매 순간 평가해서 기억합니다. 경험이 유리(유쾌)하면 장래를 위해 그런 경험을 더 하려고 합니다. 흥분과 갈망의 욕구와 기분 좋은 감정이 일어납니다. 불리(불쾌)하면 그것을 피하려고 합니다. 두려움과 불안이 올라옵니다.

사람은 자극을 받으면 반응합니다. 그 반응은 내가 어떻게 받아들이느냐에 따라 달라집니다. 자극 자체가 아니라 자극에 의해 몸에서 일어나는 감각에 반응하는 것이기 때문입니다. 예를 들어, 동료의 무능함이 내게 불리하면 비난하게 되고, 유리하면 안도감을 느낍니다. 반대로 동료의 유능함이 나에게 불리하면 질투하고 시기합니다. 유리하면 안도감을 느끼지요. 상처를 치유하려면 이러한 마음의 작용을 알고 있어야 합니다.

신호 차단하지 말고 받아들이기

상처 치유의 관건은 '연결'입니다. 몸과 마음이 보내는 신호와 연결되는 것입니다. 그 신호가 두렵고 불쾌하다고 차단하는 순간 상처는 꼭꼭 숨어버립니다. 하지만 많은 이가 화학물(알코올·니코틴·카페인·설탕 등), 약물(진통제·마약·신경안정제 등), 행위(섹스·운동·도박·일 등), 음식 등으로 신호를 차단합니다. 저도 극심한 상처를 받아 잠도 이루지 못할 때 무릎이 아프고 몸이 후들거릴 정도로 뛰었습니다. 뛰는 행위로 상처의 신호를 차단한 것이지요.

상처 치유의 첫걸음은 내 안에 상처가 있다는 것을 인식하는 것입니다. 또한 내가 상처로 고통받고 있다는 것도 인정하고 받아들여야 합니다. 상처는 몸과 마음을 통해 자신의 존재를 끊임없이 알리는데, 이를 알아차리지 못하는 한 상처 치유는 요원합니다. 그러는 사이 상처가 쌓여 곪아 터질 수도 있습니다. 변화는 언제든 시작될 수 있습니다. 상처를 알아보고 변화를 시도하겠다는 마음을 먹는 순간 치유가 시작됩니다. 몸과 마음이 보내는 신호에 감사하며 그 신호를 친절하고 부드럽게 받아들여야 합니다.

잊지 말아야 할 것은, 상처에 시달리며 이러지도 저러지도 못하는 그 순간에도 마음속에는 치유의 힘이 있다는 것입니다. 우리는 "내가 원래 그래", "그게 원래 그런 거잖아"라는 말을 자주 합니다. 마음속으로 생각하거나 입으로 소리 내어 말하면 그대로 이루어집니다. 변화할 수 힘은 항상 현재에 있습니다. 변화는 바로 지금, 여기 내 머릿속에서 일어납니다. 문제가 생긴 근본 원인을 알고 나면 문제는 나를 괴롭히지 못합니다. 알고 나면 문제에서 벗어날 수 있습니다. 내 머릿속에서 일어나는 일입니다. 내 머리로 생각할 수 있는 것은 나뿐이지요. 내 내면에서 일어나는 경험을 오롯이 받아들이는 순간 치유는 시작됩니다.

　　　머릿속에서 일어나는 일은 거의 자동화되어 있습니다. 그냥 있어서는 뇌가 일하는 방식이 바뀌지 않습니다. 뇌가 일하는 방식을 바꾸려면 훈련이 필요합니다. 머릿속 생각은 잠시도 가만히 있지 않습니다. 현재에 집중하지 못하고 과거나 미래로 달려갑니다. 과거로 달려가 상처받았던 기억을 찾아서 억울·분노·자책·후회의 감정을 불러일으킵니다. 미래로 달려가서는 두려움과 불안을 미리 맛보게 합니다.

"나는 괜찮아"라고 말하지 말 것

상처를 치유하려면 상처를 부정하지 말아야 합니다. 많은 사람이 상처를 받았는데도 "나는 괜찮아! 아무렇지도 않아!"라고 말합니다. 소화되지 못한 감정이 근육을 긴장시키고 있는데도 말입니다. 어떤 사람은 표정·자세·말하는 태도에 긴장이 역력한데도 "나는 상처받는 체질이 아니야"라고 말합니다. 안 그런 척하는 것이지요. 상처를 인식하라는 것은 상처받은 이유를 밝혀내야 한다는 뜻이 아닙니다. 내 몸과 마음에서 일어나는 반응을 정확히 알아차려야 한다는 뜻입니다.

창피하고 억울한 일을 당했을 때를 떠올려봅시다. 수치심과 분노를 비롯한 감정들이 마구 뒤섞여 올라옵니다. 나는 잘못한 게 없다고 생각하면 감정은 더 거세집니다. 모략에 당했다는 생각에 울분을 토하게 됩니다. 예민해지고 먹는 것도, 자는 것도 힘들어집니다. 죄 없는 가족과 친구들에게 분노를 쏟아놓기도 합니다. 결국 나도, 내 주변도 피폐해집니다.

나의 상처를 알아차리고 안아주지 않는 한 악순환은 되풀이됩니다. 지금 힘들다면 내 몸과 마음에서 보내는 감각과 감정을 있는 그대로 알아차리고 받아들이는 것이 먼저입니다. 내가 상처로 고통받고 있다는 것을 부정하거나 회피하지 않아야 상처를 치유할 수 있습니다. 상처 치유는 지금 당장 시작할 수 있습니다. 이제 상처 치유 과정에 대해 알아봅시다.

10.

마음에서

상처
흘려보내기

내 마음에 들어온 가시, 상처 마주하기

관점이 변하는 순간 치유가 시작된다

'의식의 회전rotation in consciousness'이라는 말을 들어보셨나요? 스트레스 감소 훈련 개발자인 존 카밧진Jon Kabat-Zinn이 '치유'를 설명한 말입니다. 카밧진은 "관점의 중대한 변화가 일어나는 것이 치유"라고 했습니다. 치유는 상처의 고통스러움을 받아들이고 통합하는 것입니다. 다른 말로는 상처의 고통에 저항하는 것을 포기하는 것이지요. 상처 치유는 상처의 흔적을 없애는 것만을 의미하지 않습니다. 알아차림과 받아들임으로 내면이 근본적으로 변화하는 것이 바로 진정한 의미의 치유입니다. 그렇게 해서 평온함과 충만감을 느끼는 것이지요.

상처 치유는 나를 가두어놓은 마음의 철창에서 빠져나오는 것이라고도 할 수 있습니다. 내 안에는 나를 단죄하고 평가하는 기준이 있습니다. 마음속으로 세상의 이치와 규칙을 정해놓은 것이지요. 모든 일은 정해진 대로 돌아가야만 한다고 강제합니다. 나의 관점·견해·기호·관념·목표·믿음이 모든 것을 통제하는 잣대입니다. 이런 잣대는 내 마음속 철창(안전지대)입니다. 잣대에 맞지 않는 것이 있으면 스트레스를 받게 됩니다. 상처 치유는 이 철창 속에 갇혀 있는 나를 빠져나오게 하는 것입니다. 나와 전체적인 연결이 이루어지는 것이 곧 치유입니다.

있는 그대로의 나 받아들이기

상처 치유를 다른 말로 하면 나를 있는 그대로 친절하게 받아들이는 것이라고 할 수 있습니다. '소화하지 못한 기억', '받아들이지 못한 경험'은 상처로 남게 됩니다. 내 안에 상처가 있다고 자책하거나 비난하지 않아야 합니다. 상처는 그럴만한 사정이 있어서 생긴 것입니다.

우리는 자신을 습관적으로 대하는 경향이 있습니다. 어릴 때 주위 사람들이 나를 대한 방식 그대로 말입니다. 상처 치유는 내 안에 있는 받아들이지 못한 아픈 기억들을 부드럽게 감싸 안는 것입니다. 내 내면에 있는 상처받은 어린아이를 부드럽게 받아들여야 합니다.

식당에서 아르바이트를 하는데 손님에게 이유 없이 욕설을 들었다고 합시다. 사장은 손님을 제지하지 않고 오히려 나를 나무라고 손님에게 사과하라고 합니다. 나는 상처를 받았습니다. 화가 나서 울컥거립니다. 상처받아 울고 있는 사람이 세 살짜리 꼬마라면 어떻게 할까요? 아이에게 운다고 화를 낼 건가요? 아니면 손을 뻗어 아이를 안고 달랠 건가요?

상처받은 사람 내면에는 화가 나고 슬픈 아이가 있습니다. 그 아이는 자기가 왜 화가 났는지 모르지만, 나는 상처가 무엇인지 알고 있는 어른으로서 그 어린아이를 보듬어줄 수 있습니다. 질책하고 완벽해지라고 다그치는 것을 멈추고 있는 그대로 받아들이는 것이 치유 작업입니다.

알아차리지 못한 상처는 치유되지 않는다

과거의 상처를 치유하려면 상처를 돌아보아야 합니다. 보이지 않은 상처가 어떻게 치유되나요? 알아차리지 못하면 상처는 치유될 수 없습니다. 치유하려면 상처를 보는 방법을 바꾸어야 합니다. 습관적인 회상과 반추는 상처 치유에 전혀 도움이 되지 않습니다. 그렇게 하면 오히려 상처가 덧납니다. 상처받았던 감정과 생각의 보따리를 풀어서 마주해야 합니다. 두렵고 슬프더라도 눈을 똑바로 뜨고 보아야 합니다. 용기와 배짱이 있어야 상처를 치유할 수 있습니다. 내면에서 일어나는 경험이 어떤 것이라도 있는 그대로 보는 것이 치유의 시작입니다.

상처의 보따리를 풀어놓아야 상처로 막혀 있던 에너지가 풀어집니다. 상처를 직시하고 놓아 보내는 것입니다. 두려움, 창피함, 수치심, 분노, 억울, 배신감, 적대감 등을 마주하고 놓아줍니다.

소화되지 못한 찌꺼기 감정들을 정화해야 합니다. 내가 상처의 찌꺼기들을 놓아버리기 원한다면 언제든 찌꺼기들을 녹여낼 수 있습니다. 상처의 기억, 생각, 감정, 이미지를 불러와서 마주하고 놓아주면 치유가 이루어집니다. 이제 와서 과거를 바꿀 수 없습니다. 그러나 마음에 맺혀 있는 과거의 상처는 풀어버릴 수 있습니다.

상처를 마주하는 것이 힘들지라도

상처받은 과거의 기억을 마주하는 것은 물론 쉽지 않습니다. 저도 처음에는 제게 상처를 주었던 사람들의 이름만 떠올려도 속이 메스꺼워졌습니다. 가슴이 갑갑하고 숨도 가빠졌습니다. 하지만 상처의 늪에서 빠져나오고 싶은 마음이 절박했기에, 용기를 내어 그 기억을 마주했습니다. 물러서지 않고 그 사람들의 얼굴을 떠올리려 애썼습니다. 온몸이 긴장되고 아랫배도 딱딱해졌다가 풀어지기를 반복했습니다. 조금씩 숨 쉬는 것이 편해졌습니다. 그들의 얼굴을 더 자세히 떠올려볼 수 있었습니다. 그들을 떠올리는 순간 같이 올라오는 적개심·악의·복수심으로 확 끌려가기도 했지만 직면하고 놓아주기를 멈추지 않았습니다. 어느 순간 가슴이 시원해졌습니다.

한때 저는 저에게 상처를 주었던 사람들을 직접 보고 어떻게든 복수하고 싶었습니다. 그런데 막상 그들과 비슷한 사람을 마주치면, 뒷모습만 비슷해도 피해버렸습니다. 마주치지 않으려고 다른 길로 돌아가기도 했습니다. 알다가도 모를 일이었습니다. 치유 작업이 깊어지자 제가 왜 그랬는지 이해하게 되었습니다. 상처를 받으면 마음이 위축됩니다. 상처를 준 상대를 만나면 다시 상처받을까봐 나도 모르게 달아난 것입니다. 치유 과정을 통해 상대를 마음속에서 떠올리는 힘을 키우자 달아나려는 반응이 점점 약해졌습니다.

2차 감정과 1차 감정

상처 치유는 2차 감정의 이면에 있는 1차 감정을 마주하고 보듬는 작업입니다. 거부나 거절로 생긴 분노·수치심·불안을 풀어놓는 과정입니다. 상처받았을 때 처음으로 생기는 감정이 1차 감정입니다. 1차 감정에는 창피함·수치심·분노·당혹·불안 등이 있습니다. 1차 감정은 상처받는 상황에서 알아차리기도 어렵고 드러나지도 않습니다. 이후 점차 복수심·적개심·무력감·좌절감·반항심 등이 드러납니다. 이런 감정을 2차 감정이라고 합니다. 1차 감정은 감정의 뇌(포유류 뇌)에서 경험되는 에너지입니다. 2차 감정은 감정의 뇌와 이성의 뇌(인간의 뇌)가 교감한 결과 생겨난, 공격과 방어를 위한 에너지입니다.

내면의 욕구를 내려놓는 것이 치유 작업의 핵심입니다. 마음의 상처를 치유하는 것은 방을 깨끗이 청소하는 과정과 같습니다. 방 안에 어떤 물건들이 있는지 살피고, 혼자서 치울 수 있는지, 도움을 받아야 하는지 결정하고 시작합니다. 방 안에 어질러져 있는 물건들은 충족되지 못한 욕구들과 같습니다. 어린 시절부터 지금까지 살면서 누적된 욕구 결핍의 흔적입니다. 누구나 부모님, 가족, 친

척, 선생님, 친구, 동료들과 접촉하면서 채우지 못한 욕구가 있습니다. 이런 욕구들을 살펴보아야 합니다. 나만 아는 결핍된 욕구가 상처를 지속시킵니다.

상처 치유는 내 내면에서 일어나는 모든 감각·감정·생각·이미지를 알아차리는 것입니다. 그렇게 하는 순간 치유가 일어나고 나는 변화할 수 있습니다. 내면에서 감각·감정·생각·이미지가 올라오는 것을 알아차리는 연습을 해야 합니다. 무엇이 올라오는지 알아차리면 상처의 소용돌이에 빠지지 않습니다. 마주하기 싫은 감정들도 꼬리를 물고 올라오지만, 그것 역시 지나가는 것이니 담담하게 바라봅니다.

11.

상처
치유
워밍업:

마음챙김과
감정 관리

내 마음에 들어온 가시, 상처 마주하기

마음챙김이란?

마음챙김으로 자신의 상처를 알아차리면 홀가분해집니다. 남자 친구와 자주 싸우는 B 씨는 남자 친구의 말 한마디 한마디가 마음에 화살처럼 날아와 박힌다고 했습니다. B 씨에게 마음챙김으로 남자 친구에게 받은 마음의 상처를 거리를 두고 바라볼 것을 권했습니다. 그러자 B 씨는 자신이 어떤 말에 상처를 받는지 알게 되었고, 남자 친구가 항상 같은 곳으로 화살을 날린다는 것도 알게 되었습니다. B 씨는 남자 친구에게 인정받고 싶은 욕구가 있었습니다. 어릴 때 아버지에게 칭찬받고 싶었던 것을 남자 친구에게 요구하고 있었던 것이지요. B 씨는 마음챙김 수련 이후 남자 친구를 아버지가 아닌 남자 친구 그 자체로 받아들일 수 있게 되었습니다. 둘의 관계는 훨씬 좋아졌지요.

마음챙김으로 자신의 상처를 알아차리면 마음이 홀가분해집니다. 상처를 덧나게 하는 욕구를 그대로 받아들이면 상처에서 벗어나게 됩니다.

'마음챙김'과 '받아들임(기꺼이 경험하기, 온전한 수용)'은 상처 치유의 핵심입니다. 마음챙김은 지금-여기 자신의 내면에서 경험하는 사실을 생생하게 알아차리는 것입니다. 마음챙김mindfulness에는 알아차림awareness(커크 워런 브라운Kirk Warren Brown과 리처드 M. 라이언Richard M. Ryan은 알아차림이란 내적·외적 환경을 지속적으로 모니터링하는 의식의 배경에 있는 레이더라고 했습니다), 주의attention, 기억 remembering이 포함됩니다.

　　　마음챙김 기반 스트레스 감소mindfulness based stress reduction 프로그램 개발자인 카밧진 박사는 "마음챙김이란 기본적으로 특정한 방식의 주의이자, 그런 식으로 주의를 줄 때 발생하는 알아차림이다", "마음챙김은 의도적으로 현재의 순간에 비非판단적으로 주의를 기울일 때 생겨나는 알아차림"이라고 정의합니다. 심리학 교수이며 건강심리전문가인 김정호는 "순수한 상위 주의bare meta-attention(주의는 정신 에너지를 쏟는 것이며, 상위 주의는 주의에 대해 주의하는 것입니다. 내가 지금 하는 것을 아는 상태라고 할 수 있습니다. '순수한 상위 주의'는 욕구나 기대가 담기지 않은 상위 주의입니다)로 의식 경험을 떨어져 보는 것이고, 선입견 없이 처음 보듯이 호기심을 가지고 있는 그대로 대상이나 현상을 직시하는 것"이라고 합니다.

마음챙김은 상처 치유의 핵심 자원입니다. 사람들은 자신이 지금 무엇을 경험하고 있는지 잘 알아차리지 못합니다. 멍한 상태로 있는 것과 같습니다. "정신 줄 놓쳤다"라고 하거나 "정신을 어디다 팔고 있는 거야?"라는 말을 들을 때를 생각해봅시다. 몸은 여기 있는데 마음은 지나간 일이나 다가올 일에 매달립니다. 백일몽에 빠져 있기도 합니다. 몸이 있는 지금-여기 내 내면에서 무슨 일이 일어나고 있는지 알지 못합니다. 마음챙김은 몸이 있는 지금-여기에서 일어나는 내면의 경험을 알아차리는 것입니다. 정신 차리는 것이라고도 할 수 있습니다.

상처의 쳇바퀴에서 빠져나오려면 현실을 있는 그대로 보아야 합니다. "모든 것은 마음먹기에 달려 있다"는 말이 있습니다. 나를 둘러싼 세상, 내가 경험하는 것은 모두 나라는 필터를 거친 것입니다. 다른 말로 하면 현실 그 자체가 아니라 마음이 만들어낸 현실의 짝퉁을 경험하는 것입니다. 이 필터를 없애야 합니다. 마음챙김을 익히면 필터를 없애고 내가 어떤 상태인지 정확히 알아차리게 됩니다. 마음속에서 들끓는 소음에서 벗어나려면 마음속에 무엇이 있든 그것을 그대로 받아들어야 합니다. 판단하거나 해석하지 않고 있는 그대로 인정하고 알아차리는 것입니다.

상처와 거리 두기

상처받으면 상처를 준 사람에 대해 끊임없이 되뇌게 됩니다. 복수 계획을 세웠다 접기를 반복합니다. 때로는 상처를 준 사람보다 나 자신에게 책임을 따지기도 합니다. 상처를 준 사람은 앞에 없는데 마음속에 불러와서 또 상처받는 것입니다.

상처를 되뇌는 주체는 누구일까요? 내가 아니라 내 마음입니다. 내 마음이 상처를 되뇌고 있다는 것을 알아차려야 합니다. 나는 그것을 인식하는 사람입니다. 이것이 상위 주의고, 마음챙김입니다. 되뇌임에 끌려 들어가지 말고 마음속에서 상처를 되뇌고 있다는 생각마저도 담담하게 지켜보는 것입니다. 그러다보면 그 되뇌임은 물거품처럼 언제 꺼졌는지도 모르게 사라집니다.

마음챙김으로 상처의 실체를 거리를 두고 볼 수

있게 됩니다. "지금 내 가슴은 어떤 느낌인가?", "지금 내 머릿속에는 어떤 생각이 올라왔는가?", "지금 내 감정은 어떤가?"라고 자신에게 물을 수 있습니다. 이런 물음으로 알아차림이 일어나고 다시 나 자신과 연결됩니다. 상처는 나 자신과의 단절입니다. 마음챙김은 나 자신과 다시 연결되는 것입니다. 마음챙김을 연습하면 나와 재연결하는 기술이 길러집니다. 운동으로 근육을 단련하는 것처럼, 마음챙김도 많이 할수록 마음이 더 강하고 유연해집니다.

중견 기업에 다니는 C 부장은 간부 회의에서 마음에 상처를 입었습니다. 야심차게 보고한 계획에 다른 부서의 D 부장이 딴죽을 건 것입니다. 옛날에 다 해본 일이라는 둥, 역효과만 난다는 둥 비판이 지나쳤습니다. C 부장은 모든 간부가 보는 앞에서 모욕을 당해 황당하고 부끄러웠습니다. 망신을 당했다는 생각에 속이 부글부글 끓어올랐습니다. 상처를 받은 것입니다. C 부장은 퇴근 후 조용히 눈을 감고 마음챙김 수행을 했습니다.

머릿속에 그날 회의 장면이 생생하게 떠올랐습니다. D 부장의 목소리, 사장의 목소리, 다른 간부들의 웅성거리는 소리가 들렸습니다. 순간 'D 부장은 나한테 왜 그런 거지?', '이대로는 못 지나가', '내가 가만히 있나 봐라' 등등의 생각이 꼬리를 물고 일어났습니다. C 부장은 이런 생각들이 의식 공간에 올라온 것을 인정하고 받아들였습니다. 머리는 띵하고, 이마에 땀이 나고 명치끝이 꽉 조이는 느낌이 들었습니다. 그 느낌들을 피하지 않고 알아차렸습니다. 그러자 들끓던 감정들도 조용해졌습니다.

알아차림, 초점 맞추기, 받아들이기

미국의 심리학자 크리스토퍼 거머Christopher Germer에 따르면 마음챙김 수행으로 알아차림, 현재 경험에 초점 두기, 기꺼이 받아들이기 기술을 익힐 수 있다고 합니다. 이 3가지는 상호 의존적입니다. 알아차림은 의도intention를 갖고 멈추고, 관찰하고, 되돌아감으로써 이루어집니다. 마음챙김 수행은 의도를 세우는 것에서 시작됩니다. 마음의 상처를 치유하고자 하는 것이 의도가 될 수 있습니다. 그런 의도를 세우는 순간부터 나의 모든 행동과 생각은 상처 치유에 도움을 줍니다.

의도를 갖고 지금-여기에서 내가 하는 어떤 것

(생각, 행동)을 멈추어야 합니다. 그래야 내적 경험을 볼 수 있고, 생각이 꼬리를 물고 일어나는 자동적인 반추 rumination에서 벗어날 수 있습니다.

멈추고 주의를 돌리려면 약간의 자극이 필요합니다. 자극은 다양한 것으로 줄 수 있습니다. 가장 보편적인 것은 호흡입니다. 그 외에도 눈을 질끈 감았다가 뜰 때 눈 주위와 얼굴 전체의 느낌, 헛기침할 때 배와 가슴과 목구멍의 느낌과 소리, 손뼉을 칠 때 소리와 손바닥의 맞닿는 느낌, 물을 마실 때 입안과 목구멍의 느낌, 자리에 앉을 때 엉덩이가 닿는 느낌 등을 활용할 수 있습니다.

이 자극에 초점을 맞추면 내 몸과 마음에서 무슨 일이 일어나는지 관찰할 수 있습니다. 예를 들면 가슴이 뻐근하고 숨이 가쁘다는 것, 내가 실수할 때 다른 사람들이 깔깔거리고 웃었으며, 나는 지금 그 사건을 떠올리고 있다는 것을 알아차릴 수 있습니다.

마음챙김 수행은 현재에 주의를 기울이게 해줍니다. 모든 일은 '지금 이 순간' 일어납니다. 지금-여기에서 주의를 빼앗기면, 삶에서 경험이 이루어지는 유일한 순간을 놓치게 됩니다. 상처 치유가 이루어지는 순간 역시 놓치게 됩니다.

　　　　앞에서 이야기한 C 부장의 사례를 다시 생각해 봅시다. C 부장이 집에 돌아와 마음챙김 대신 텔레비전을 본다면 어떤 일이 벌어질까요? 기분을 풀려고 아주 웃긴 개그 프로그램을 봅니다. 하지만 큰소리가 들리자 머릿속에 D 부장의 모습이 떠오릅니다. 당시 상황이 되풀이되면서 화가 올라옵니다. '어떻게 앙갚음을 해주지?', '별일 아닌 척해야 하겠지?' 같은 생각이 줄줄이 올라옵니다. 속이 메스꺼워집니다. 눈은 텔레비전을 향하고 있으나 마음은 미래로 달려갑니다. 생각과 감정의 물결에 휩싸입니다.

마음이 하는 이야기

마음이 상처를 되풀이하며 요동칠 때 해야 할 일은, 마음이 지껄이는 내용을 지켜보면서 알아차리는 것입니다. 상처 치유는 내 현재 상태를 인정하는 데서 시작됩니다. 마음챙김은 현재의 경험을 있는 그대로 기꺼이 받아들이는 것입니다.

　　　　기꺼이 받아들이면 온전한 알아차림이 따라옵니

다. 온전한 알아차림으로 나를 괴롭히는 상처를 바라보고, 보듬어줄 수 있습니다. 상처로 인한 감정과 생각의 소용돌이에서 빠져나올 수 있게 됩니다. 기꺼이 받아들인다는 것은 자신의 내적 경험을 시비 분별이나 판단 없이 호기심을 갖고 친절하게 받아들이는 것입니다.

받아들인다는 것은 내적 경험을 마주하는 것입니다. 방어하지 않고 스펀지처럼 온전하게 흡수하는 것입니다. '수용', '기꺼이 경험하기willingness'와 같은 의미입니다. 고통은 경험을 회피하면 할수록 강해집니다. 회피했던 고통을 기꺼이 받아들이면 치유가 이루어집니다. 기꺼이 경험한다는 것은, 그 순간의 생동감에 자신을 개방하는 것입니다. 또한 좋은 감정이든 나쁜 감정이든 온전하게 느끼는 것입니다. 마음챙김 수행은 감정을 직면할 힘을 키워줍니다.

기꺼이 경험하기나 수용은 체념과 다릅니다. 받아들임(수용)은 번개를 맞고 살아남는 것에 비유할 수 있습니다. 번개를 맞았을 때 전류가 머리에서 발끝으로 자연스럽게 모두 흘러 나가야 살 수 있습니다. 내적 경험도 기꺼이 받아들일 때 상처의 전류에서 살아날 수 있습니다.

예를 들어 금연을 시작한다고 합시다. 기꺼이 경험하기는 담배를 피우고 싶다는 갈망과 긴장을 분명히 알아차리는 것입니다. 자책하거나 죄의식을 느끼는 것조차 친절하게 보듬어 안습니다. 분노·두려움·짜증 등 불편한 감정도 그대로 받아들입니다. 상처의 흔적은 이런 과정을 거치면서 아물어갑니다.

나에게 친절할 것

상처 치유는 내면 경험에 저항하지도 피하지도 않을 때 이루어집니다. 갓난아기를 안아주듯이 따뜻하고 부드럽고 친절하게 받아줄 때 이루어집니다. 내가 마주한 것을 열린 마음·친절·사랑으로 바라보는 것입니다. 두려움이나 슬픔의 감정도 저항하거나 피하지 않습니다. 아이를 보듬는 어머니처럼 내 감정을 감싸 안습니다.

기꺼이 경험하기는 내가 나에게 가하던 자기혐오와 비난의 습관에서 벗어나게 해줍니다. 풀리지 않은 상처는 눈치를 보며 숨어 있는 바이러스와 같습니다. 나올 기회만 엿보고 있다가 면역력이 떨어지거나 컨디션이 나빠지는 등 상황이 되면 다시 사람을 괴롭힙니다. 하지만 기꺼이 드러낼 수만 있다면 상처는 가라앉고 상처의 흔적도 하나씩 아물어갑니다.

저는 직장 생활 중 부당한 인사 조치로 상처를 받아 안면마비를 경험했습니다. 병원에 달려가 치료를 받고 한의원에 가서 침도 맞았습니다. 그리고 할 수 있는 명상법은 모두 활용했습니다. 조용히 앉아서 올라오는 감각을 느끼며 몸 마음챙김 명상을 하고 또 했습니다. 목이 뻣뻣한 느낌, 가슴팍에 철판을 얹은 것처럼 짓누르는 느낌, 복부가 빵빵하게 부풀고 딱딱해지는 느낌을 알아차렸습니다. 눈썹부터 턱 밑까지 촘촘히 위아래, 양옆, 대각선으로 얼굴을 훑으며 마음챙김의 탐조등을 비추었습니다. 근육이 얼얼하고 전기가 오는듯한 불쾌한 느낌이 올라왔습니다.

눈꺼풀이 축 처지며 내려앉는 느낌도 올라왔습니다. 가해자의 얼굴과 표정, 목소리가 생생하게 떠올랐습니다. 목이 뻐근해지고 가슴이 다시 꽉 조이고 양쪽 턱이 긴장되는 것이 느껴졌습니다. 느껴지는 그대로 받아들였습니다.

갑자기 "두고 보자, 반드시 복수할 것이다. 얼마

나 잘 사는지, 뒤끝이 좋은지 보자. 남의 눈에 피눈물 나게 한 자는 반드시 본인 눈에서도 피눈물이 흐를 것이다"라는 지껄임이 솟구쳐 올라왔습니다. 공기가 코로 들어오고 나가는 것을 느끼며 감각을 돌아오게 했습니다. '충분히 그럴 만해', '맞아, 그렇게라도 해야 속이 풀리지'라고 마음속으로 읊어주며 떠오르는 생각을 받아들였습니다.

"안면마비가 완치되어야 할 텐데. 완치되지 않으면 어떻게 하지? 거울을 보는 것도 끔찍하다. 밥도 제대로 못 먹는다. 줄줄 흘린다. 마음에 상처 입고 몸도 불구가 되고 이게 뭔가?" 같은 지껄임도 그대로 안아주고 받아들였습니다. 어느 순간 발끝과 손바닥에서 따뜻하고 기분 좋은 촉촉함이 느껴졌습니다.

마음챙김이 깊어지면서 내 몸 구석구석에서 올라와서 바뀌고 사라지는 감각의 춤을 알아차렸습니다. 내면에서 일어나는 경험에 나를 내맡겼습니다. 그렇게 들끓던 지껄임과 불안과 걱정과 분노와 적개심과 얼얼한 느낌도 어디로 갔는지 보이지 않았습니다.

마음챙김이 좋은 이유

상처 치유를 위한 마음챙김 수행은 명상의 방식으로도 할 수 있습니다. 바로 마음챙김 명상입니다. 명상은 '내면 의식을 고요히 깊게 쉬는 것'입니다. 마음챙김은 시간과 형식을 갖추고 할 수도 있고, 일상생활에 적용할 수도 있습니다. 따로 시간을 내거나 형식을 갖추지 않아도 식사, 집안일, 대화, 운동, 걷기, 직장, 일 등에 적용할 수 있습니다.

　　마음챙김 수행의 효과를 증명하는 다양한 연구가 있습니다. 마음챙김 수행이 뇌의 편도체를 조절한다고 합니다. 편도체는 감정에 반응하는 부위입니다. 마음챙김이 감정을 효과적으로 관리한다는 사실을 보여줍니다. 뇌피질의 전기 활동이 우측에서 좌측으로 변화한다는 연구도 있습니다. 이는 부정적 정서가 줄어드는 것을 의미합니다. 뇌의 구조가 바뀌는, 소위 신경가소성neuroplasticity이 일어난다는 연구도 있습니다. 우울·불안·분노·스트레스 증상에 긍정적 효과를 보인다는 연구도 있습니다. 만성 통증 환자의 내분비·심혈관·면역 기능을 개선해준다는 연구도 있습니다.

상처 치유   작업 전
체크리스트

step 1. 객관적으로 상처 파악하기

상처 치유를 시작할 때 다음 질문을 해보면 상처를 객관적으로 바라보는 데 도움이 됩니다. 상처받는 상황과 그때 일어나는 반응을 좀더 분명하게 인식하게 해줍니다. 이런 질문을 통해 내가 어떤 상황에서 상처를 받는지 알아차리고, 상처를 마주할 때 덜 긴장할 수 있습니다.

    · 내가 자주 받는 상처는?

     : 모욕, 거절, 무시, 배신, 남과 비교 등

    · 나는 누구에게 상처를 가장 많이 받나?

     : 상사, 동료, 부하, 고객, 친구, 부모, 가족, 연인 등

· 나는 상처받았을 때 어떻게 반응하는가?

　　:애써 태연한 척함, 격노, 얼어붙음 또는 멍해

　　져서 어쩔 줄 모름, 아무 말도 하지 않음 등

step 2. 안전기지 마련하기

상처를 치유할 때는 마음속 안전기지가 필요합니다. 안전기지는 내게 편안하고 안전한 어떤 장소가 될 수도 있고, 사람이 될 수도 있으며, 자연이나 상징물이 될 수도 있습니다. 명상이나 심상心象을 활용할 수도 있습니다. 내 방, 여행지에서 본 멋진 풍경, 큰 산이나 바다, 푸른 하늘, 종교적 상징 등 내가 안전하고 평안하게 느낄 수 있는 대상이면 무엇이든 가능합니다.

안전기지는 상처 치유 과정에서 괴로운 장면이 떠오르거나 긴장될 때 잠시 쉬어가는 공간입니다. 언제든지 들어가 안전하게 쉴 수 있는 '나만의 안식처'입니다. 심상으로 편안하고 안전하게 느껴지는 대상이나 장소 속으로 들어가면 됩니다. 안전기지로 대피하는 것은 반복적·조건반사적으로 연습해놓아야 합니다. 안전기지를 유지하고 강화해놓아야 필요할 때 망설임 없이 이용할 수 있습니다.

신경정신과 교수 빅토어 프랑클Viktor Frankl은 제
2차 세계대전 당시 유대인이라는 이유로 3년 동안 강제수
용소 생활을 했습니다. 프랑클은 그때의 경험을 『죽음의
수용소에서』라는 책으로 발표했습니다. 무자비하고 참혹
한 생사의 갈림길에서 어떻게 살아남았는지에 대한 이야
기입니다. 프랑클은 다른 수용소로 끌려간 아내와 마음속
으로 대화했다고 합니다. 마음속에 나타난 아내의 이미지
와 목소리로 극도의 공포를 이겨냈습니다. 아내는 이미 세
상을 떠난 뒤였지만, 프랑클의 마음속에서 아내는 그를 보
호해준 안전기지 역할을 했던 것입니다.

step 3. 마음 상태 점검하기

상처를 치유하려면 먼저 마음 상태를 확인해야 합니다. 상
처 치유 작업을 하고 난 후에도 얼마나 효과가 있는지 스스
로 점검하는 수단이 필요합니다. 상처 치유 기법을 연습하
기 전에 내 마음 상태에 점수를 매겨 점검해봅니다. 연습
후에도 점수를 매겨 비교하면 어떤 효과가 있는지 알 수 있
습니다. 자율 피드백 장치인 셈이지요. 마음 상태가 변화하
는 것을 수치로 확인하면 자신감이 생깁니다. 상처의 흔적

상처 치유 작업 전 체크리스트

이 얼마나 아물었는지 스스로 평가해볼 수 있습니다.

114쪽의 표는 현재 몸과 마음의 긴장 수준을 알아보기 위한 마음 상태 점수표입니다. 자신의 상태를 0~10점 사이의 점수로 매겨봅니다. 6점이 기준으로, 그보다 점수가 높을수록 몸과 마음의 긴장이 심한 것입니다. 6점은 내가 어느 정도 참고 견딜 수 있을 때 주는 점수입니다. 상처 치유 기법은 6점 이하일 때 연습하는 것이 좋습니다. 7점 이상일 때는 상처로 인한 반응이 심해서 통제력을 상실할 수 있습니다. 상처 치유 작업 중 견딜 수 없을 것 같으면 안전기지로 잠시 피했다가 어느 정도 평안해지면 다시 진행합니다. 안전기지에서도 7점 이상이라면 전문가의 도움을 받도록 합니다.

p.s. 전문가의 도움을 받기 전 체크리스트

상처받은 후 도움을 요청할 때 알아두어야 할 사항이 있습니다. 도움을 요청하기 전에 내가 받은 상처가 어떤 것인지 알고 있어야 합니다. 상처의 실체와 치유 원리를 숙지하고 전문가를 찾아가는 것이 좋습니다. 전문가에게 내가 상처를 어떻게 바라보고 있는지, 어떤 치유 과정을 거치는

마음 상태	점수
몸 전체가 100퍼센트 긴장되고, 마음이 100퍼센트 불편하다.	10점
정신 잃음	
몸 전체가 90퍼센트 긴장되고, 마음이 90퍼센트 불편하다.	9점
숨을 못 쉴 정도고, 정신이 흐릿함	
몸 전체가 80퍼센트 긴장되고, 마음이 80퍼센트 불편하다.	8점
숨이 매우 가쁘고, 안절부절못함	
몸 전체가 70퍼센트 긴장되고, 마음이 70퍼센트 불편하다.	7점
가슴이 꽉 조이고, 매우 불안 초조함	
몸 전체가 60퍼센트 긴장되고, 마음이 60퍼센트 불편하다.	6점
가슴이 조금 답답하고 배가 조금 팽팽함, 부정적 감정이 많이 올라옴	
몸 전체가 50퍼센트 긴장되고, 마음이 50퍼센트 불편하다.	5점
미간을 찡그리고 손과 팔다리가 조금 긴장된다. 부정적 감정이 올라옴	
몸 전체가 40퍼센트 긴장되고, 마음이 40퍼센트 불편하다.	4점
몸이 조금 무겁고 부정적 감정이 조금 올라옴	
몸 전체가 40퍼센트 이완되고, 마음이 40퍼센트 편안하다.	3점
가슴이 조금 시원하고, 긍정적 감정이 조금 올라옴	
몸 전체가 60퍼센트 이완되고, 마음이 60퍼센트 편안하다.	2점
가슴·배·얼굴·목이 이완되고, 긍정적 감정이 올라옴	
몸 전체가 80퍼센트 이완되고, 마음이 80퍼센트 편안하다.	1점
몸이 편안하며, 긍정적 감정이 많이 올라옴	
몸 전체가 100퍼센트 이완되고, 마음이 100퍼센트 편안하다.	0점
몸이 매우 편안하며, 긍정적 감정이 매우 많이 올라옴	

상처 치유 작업 전 체크리스트

지 질문해야 합니다. 상처 치유를 전문가에게 모두 맡기고 의존하면 상처에서 벗어나지 못합니다. 내가 상처 치유의 주체가 되어야 합니다.

이 책에서 제시한 상처 치유 방법으로 모든 상처를 치유할 수 있는 것은 아닙니다. 특히 큰 트라우마는 치유할 수 없습니다. 상처 치유 방법이 소용없다면 심한 정신적 충격을 받은 상태일 수도 있습니다. 상처 치유 수행 중에 상태가 나아지지 않거나 고통을 견디기 어렵다면 전문가의 도움을 받아야 합니다.

PART 2.

내 마음을
돌보는

|

상처 치유
기법

상처받지 않고 살 수는 없습니다. 사람들은 매일 매 순간 상처받는 상황에 놓입니다. 상처의 화살이 어디에서 날아올지 모릅니다. 상처를 받기는 쉽지만 치유는 그렇게 간단하지 않습니다. 상처를 준 대상을 없애버리면 될 거라고 생각하지만, 외부 환경은 그렇게 쉽게 바뀌지 않습니다. 물론 환경을 바꾸는 시도도 필요합니다. 하지만 환경은 대부분 통제 밖에 있다는 것을 인정해야 합니다. 결국 내가 통제할 수 있는 것은 나의 상처입니다.

상처를 받으면 우선 몸과 마음을 진정시켜야 합니다. 상처의 불이 마음에 옮겨붙기 전에 꺼야 합니다. 그러려면 마음의 소화기 사용법을 익혀야 합니다. 상처의 불이 마음에 옮겨붙었다면 더 번지지 않도록 조치할 줄 알아야 합니다. 이번 장에서는 상처받는 상황과 상처받은 상태에서 사용할 수 있는 방법들을 소개하려고 합니다. 이 방법들을 적거나 녹음해서 활용할 수 있습니다. 나에게 잘 맞는 방법을 찾아보고 골라 연습하면 됩니다.

중요한 것은 선택한 방법을 반복 연습해서 나의 것으로 만드는 것입니다. 근육운동을 하듯이 마음의 근육을 강화하는 것입니다. 나와 가장 잘 맞고 잘 할 수 있는 것을 중심으로 매일 규칙적으로 연습하는 것이 좋습니다. 114쪽에 있는 점검표를 활용하는 것도 도움이 됩니다.

1.

나를

안아주세요

내 마음을 돌보는 상처 치유 기법

가슴에 손을 얹는 이유

사람들은 깜짝 놀라면 가슴을 손으로 감싸 안지요. 위험한 상황을 벗어나면 가슴을 쓸어내립니다. 마음이 아프면 가슴을 치면서 울부짖습니다. 스스로 다짐할 때도 가슴에 손을 얹고 맹세합니다.

가슴에는 심장이 있습니다. 상처를 받으면 심장은 더 빨리 뜁니다. 생존을 위해 혈액을 더 많이 공급하지요. 터질 것 같이 뛰는 심장이 다치지 않도록 감싸 안는 것입니다. 자신을 지키려는 자연스러운 행동이지요.

자신의 손이 가슴에 닿는 느낌은 안정감을 줍니다. 양손을 가슴 위에 X 자로 얹고 감싸 안아보세요. 실체가 만져지는 듯한 안도감이 듭니다. 상처를 받았을 때 양손을 가슴에 살짝 얹어 감싸 안아주면 마음이 진정됩니다. 긴장되고 움츠린 가슴 부위가 이완됩니다. 상처받아 번져나가는 분노의 불길을 잡는 응급조치법입니다. 주변에 다른 사람들이 있을 때는 심상으로 할 수 있습니다.

상처를 받으면 마음속에서 분노, 좌절 등 부정적 정서가 일어납니다. 이때 심장은 불규칙하고 변덕스럽게 요동칩니다. 미국의 유명한 물리학자 독 칠드레Doc Childre

는 하트매스 연구소Institute of HeartMath를 만들어 심장이 심신에 미치는 영향을 연구하고 있지요. 칠드레는 심장이 지능을 갖고 있으며, 뇌를 비롯한 몸의 각 부분과 소통할 수 있다고 합니다. 심장이 뇌에 반응하는 것처럼 뇌도 심장에 반응합니다. 가슴은 심장이 있는 곳입니다. 가슴을 따뜻하게 감싸 안아주면 심장의 리듬도 안정됩니다.

따뜻한 손길의 힘

독일의 의사이자 과학 저널리스트인 베르너 바르텐스 Werner Bartens는 접촉의 효능을 주장합니다. 그는 진화론적인 맥락과 신경과학·의학·심리학 연구를 근거로『접촉』이라는 책을 저술했습니다. 친밀한 신체적 접촉을 하면 행복의 호르몬인 옥시토신이 분비되고, 상처받는 접촉을 하면 스트레스 호르몬인 코르티솔이 분비된다고 합니다. 마이애미대학교 의과대학 터치 연구소Touch Research Institute 소장이며 소아과·심리학과·정신의학과 교수인 티퍼니 필드 Tiffany Field는『터치』에서 친밀한 접촉은 스트레스와 불안을 낮추고, 심박을 느리게 한다고 합니다. 물리적 접촉이 생체 전기와 화학물질을 통해 신경 시스템의 긴장을 풀어주기 때문입니다.

갑작스럽게 상처를 받았을 때 손으로 가슴을 안아주면 다른 사람과 친밀한 신체적 접촉을 한 것과 유사한 효과를 얻을 수 있습니다. 자신을 어루만지는 이러한 행동은 상처받은 마음을 진정시켜줍니다.

기계적이거나 습관적으로 가슴에 손을 얹는 동작은 효과가 없습니다. 효과를 보려면 반드시 의도가 있어야 합니다. 친절하고 사랑이 담긴 마음으로 양손을 가슴에 올립니다. 시간이 지나면 손에서 전달되는 아늑한 온기가 느껴집니다. 심장이 안정되면 들끓던 감정도 누그러집니다.

연습 1.

**가슴에
손을 얹어
감싸 안기**

나를 따뜻한 사랑으로 안아주겠다는 의도가 있어야 합니다. 친구에게 말하듯이 '얼마나 화가 났었니, 분노가 치밀어 오르고 억울하기도 했겠다. 이제 혼자가 아니야. 같이 옆에 있어줄게. 괜찮아질 거야'라고 마음속으로 속삭이듯 읊어줍니다.

　　팔을 교차해서 오른쪽 손바닥은 왼쪽 가슴에, 왼쪽 손바닥은 오른쪽 가슴에 놓습니다. 부드럽고 사랑스럽게, 약간의 무게를 담아 누릅니다. 눈을 살짝 감고 손을 가슴 위에 얹고, 손바닥과 가슴이 맞닿는 느낌에 집중합니다. 상황에 따라 눈을 뜨고 할 수도 있습니다.

　　가슴에 대고 마음속으로 속삭이듯 괜찮다고 읊

어줍니다. 손바닥으로 가슴을 누르는 감각, 가슴이 양 손바닥과 팔로 감싸 안기는 포근함, 심장의 콩닥거림, 명치 끝의 조이는 느낌 등을 알아차려봅니다.

장소는 휴게실, 화장실, 조용한 벤치 등 어디라도 좋습니다. 5분 정도 혼자 있을 공간이면 충분합니다. 의자에 앉아서 해도 좋고 누워서 또는 서 있는 상태에서도 가능합니다. 혼자 있기 힘들다면 심상으로 할 수도 있습니다. 손바닥을 가슴에 얹거나 부드럽게 손바닥으로 감싸 안는 상상을 하는 것입니다.

2.

모든 것은

호흡에서
시작된다

심호흡의 효능

느리고 길게 하는 호흡을 심호흡이라고 합니다. 상처를 받으면 몸과 마음은 비상 상태가 됩니다. 근육은 긴장되고 심장은 평소보다 빨리 뛰지요. 숨이 가빠지고 가슴이 답답해집니다. 호흡이 불안정해지면서 심장이 벌렁거립니다. 순간적으로 감정의 홍수에 휩쓸릴 수 있습니다. 이럴 때 즉각 할 수 있는 것이 심호흡입니다. 심호흡으로 몸에 산소를 천천히 공급하면 긴장된 근육이 이완되고 심장도 진정됩니다. 언제 어디서나, 어떤 자세로도 할 수 있습니다.

상처받아 긴장하면 심장이 빨리 뛰면서 초조하고 불안한 기분이 듭니다. 심호흡으로 긴장을 가라앉힐 수 있습니다. 폐의 기능에 문제가 없는데 숨이 차거나 가쁘고 가슴이 답답한 것은 신체적·심리적 긴장 상태에 있다는 신호입니다. 상처받았을 때, 화가 날 때, 꾹 참을 때 숨이 가빠집니다. 교감신경계가 활성화되어 싸움 또는 도주 반응fight or flight을 일으키는 것입니다. 인간은 태어나서 죽는 순간까지 의식하지 않아도 자동적으로 숨을 쉽니다. 하지만 호흡은 의식적으로 통제할 수 있습니다.

길고 느리게 숨 쉬기

성인은 보통 평상시에 1분당 16~18회 호흡합니다. 1분당 호흡 수를 8~10회 이하로 줄이는 것을 심호흡이라 하지만, 정해진 분당 횟수가 있는 것은 아닙니다. 호흡의 길이는 사람마다 다르기에 자신의 평소 호흡보다 조금 길게 하면 됩니다. 숨을 크게 들이마셔서 들이마시는 산소의 양을 늘립니다. 숨을 크게 내쉬어서 몸속 노폐물과 이산화탄소를 밖으로 내보냅니다. 근육이 이완되고 평온이 찾아오며, 독소 배출이 일어나지요. 입을 벌려 깊고 차분하게 천천히 숨을 들이쉬고 내쉬는 것입니다.

심호흡은 자율신경계에 영향을 미칩니다. 상처를 받으면 교감신경계가 활성화되어 코르티솔과 아드레날린이 분비됩니다. 몸을 긴장시키고 감정이 폭발할 수 있도록 준비시키는 것이지요.

심호흡은 부교감신경계를 활성화합니다. 부교감신경계 중 고도로 진화한 미주신경은 스트레스를 받으면 비활성화되는데, 심호흡은 미주신경을 활성화하는 데 도움을 줍니다. 미주신경이 활성화되면 차분해지고 이완되며 긴장 상태에서 벗어납니다. 의도를 갖고 숨을 크고 깊게 천천히 들이쉬고 내쉬는 것만으로도 몸과 마음이 평온해집니다.

　　　이탈리아의 생리의학자 마리넬라 코코Marinella Coco와 동료들은 연구를 통해 심호흡이 기분을 가라앉히고 스트레스를 감소시킨다는 것을 보여주었습니다. 심호흡을 하면 심장박동이 안정되고 코르티솔 수준도 개선됩니다. 헝가리 '건강 증진과 스포츠 과학 연구소'의 어틸라 서보Attila Szabo와 아그네스 코치스Ágnes Kocsis는 심호흡 훈련을 통제 연구했습니다. 기대를 품고(의도적으로) 심호흡할 때, 부정적 정서가 감소하고 주관적 웰빙 수준이 증가했습니다. 다른 많은 연구도 심호흡 훈련이 혈압과 맥박을 안정화한다는 것을 보여줍니다.

마음을 위한 응급조치

상처받아 분노가 욱하고 치밀어 오를 때 심호흡으로 응급조치할 수 있습니다. '잠시 심호흡을 하겠다'는 의도를 세우면 됩니다. 마음에 난 불을 심호흡 소화기로 끄는 것입니다. 불길이 다른 곳으로 번지는 것을 막을 수 있습니다.

긴장하면 나도 모르게 저절로 '후······' 하고 한숨을 내쉬게 됩니다. 그것이 바로 심호흡입니다. 숨을 크게 들이마시면서 배에 공기가 차서 불룩 솟아오르는 것을 알아차립니다. 내쉴 때는 입으로 '후' 소리를 내면서 시원한 느낌이 들도록 끝까지 숨을 천천히 내쉽니다. 가슴에서 숨이 빠져나가는 감각에 집중합니다.

심호흡할 때는 복식호흡을 합니다. 숨을 들이쉬면서 아랫배가 풍선처럼 부풀어 오르게 하고, 숨을 내쉴 때 배가 꺼지게 하는 것입니다. 일정하게 들이쉬고 내쉬면서 아랫배가 움직이는 느낌에 집중합니다.

아무도 없는 곳에서 양팔을 활짝 벌려 가슴을 펴고 크고 깊게 들이쉬고 내쉬면 더 좋습니다. 주위에 사람들이 있다면 조용하게 심호흡할 수도 있습니다. 의자에 앉아 있다면 허리를 바로 세웁니다. 눈을 감으면 어지러울 수 있으므로 눈을 뜨고 합니다. 서서 할 때도 눈을 뜨고 허리를 바로 세웁니다. 발바닥이 땅에 단단하게 닿는 것을 느껴봅니다.

연습 2.　　　　　　　　심호흡

오른손 손바닥은 가슴에 얹고 왼손 손바닥은 배꼽 위에 살짝 얹습니다. 숨을 코와 입으로 크고 깊게 들이마십니다. 숨을 들이마셔 배에 공기가 채워지고 배가 솟아오르는 것을 왼손 손바닥으로 느껴봅니다.

　　입으로 '후' 소리를 살짝 내면서 느리고 길게 숨을 내쉽니다. 끝까지 숨을 내쉬면서 폐에서 숨이 다 빠져나가는 것을 느낍니다. 왼손 손바닥은 배가 꺼져 내려가는 것을 알아차립니다.

　　다시 숨을 코와 입으로 크고 깊게 들이마십니다. 숨을 들이마셔 배에 공기가 채워지고 배가 솟아오르는 것을 왼손 손바닥으로 느껴봅니다.

이제 입으로 '후' 소리를 살짝 내면서 천천히 느리고 길게 숨을 내쉽니다. 끝까지 숨을 내쉬면서 폐에서 숨이 다 빠져나가는 것을 느낍니다. 왼손 손바닥으로 배가 꺼져 내려가는 것을 느껴봅니다. 끝까지 숨을 내쉬면서 긴장감이 숨과 함께 몸 밖으로 빠져나간다고 상상합니다.

다시 숨을 코와 입으로 크고 깊게 들이마십니다. 숨을 들이마셔 배에 공기가 채워지고 배가 솟아오르는 것을 왼손 손바닥으로 느껴봅니다. 따뜻하고 부드러운 기운이 들어와 심장과 온몸에 퍼져 나간다고 상상합니다.

이제 입으로 '후' 소리를 살짝 내면서 천천히 느리고 길게 숨을 내쉽니다. 끝까지 숨을 내쉬면서 폐에서 숨이 다 빠져나가는 것을 느껴봅니다. 왼손 손바닥으로 배가 꺼져 내려가는 것을 느껴봅니다.

끝까지 숨을 내쉬면서 긴장감이 숨과 함께 몸 밖으로 빠져나간다고 상상합니다. 이렇게 3회 심호흡하는 것이 1세트입니다. 몸의 긴장감이 줄어들었나요? 심장이 좀 천천히 뛰나요? 마음이 좀 편안해졌나요?

3세트를 반복하며 1세트를 할 때마다 같은 질문을 자신에게 하고 자가 피드백을 받습니다. 그런 과정이 상처받은 감정을 자각하고 조절할 수 있게 도와줍니다.

심호흡할 때 현기증이 나거나 몽롱하다면 호흡이 너무 빠르거나 느린 것입니다. 이럴 때는 잠시 멈추고 안전기지를 찾아야 합니다.

내게 평안한 장면이나 상징물을 떠올리고 그곳에 머무는 상상을 하는 것입니다. 심호흡은 자신의 숨의 길이에 적절하게 맞추어야 합니다. 무리하게 숨을 쉬지 않도록 합니다.

3.

이것도
다

지나갈 거야

내 마음을 돌보는 상처 치유 기법

상처 흐릿하게 만들기

'페이드아웃fade-out'은 상처받은 마음을 응급조치하는 방법입니다. 말 그대로 상처받은 장면이나 기억이 점점 사라지는 상상을 하는 것입니다. 텔레비전의 영상신호가 약해지면서 장면이 점점 흐려지다가 결국 사라지는 것이나, 라디오의 음량이 점점 작아져 결국 들리지 않게 되는 것을 생각해보면 쉽습니다.

페이드아웃 기법은 심상법의 한 형태로, 심상으로 이미지와 기억을 조절하는 것입니다. 심상법으로 마음속에 떠오르는 장면이나 기억을 바꿀 수 있습니다. 실제 이미지를 볼 때와 상상으로 그 이미지를 떠올릴 때 활성화되는 뇌 영역은 같다고 합니다. 이는 실제 상황을 마주할 때나, 마음속으로 불쾌했던 기억을 회상할 때 경험되는 감정이나 신체적 감각은 같다는 것을 말해줍니다.

모니터 위에 감정 띄우기

페이드아웃의 핵심은 마음속에 떠오르는 이미지와 기억을 직면하는 것입니다. 페이드아웃은 심상으로 자기 노출selfdisclosure하는 방법 중 하나입니다. 고통스러운 기억은 작은 단서만으로도 쉽게 떠오릅니다. 그럴 때마다 상처받은 당시의 고통을 반복해서 맛보게 되지요. 이럴 때 페이드아웃 기법이 유용합니다.

먼저, 아픈 기억이 마음속에 떠오를 때 컴퓨터 모니터 속에 그 기억 장면을 집어넣는다고 생각합니다. 컴퓨터 속에 있는 영상은 얼마든지 조절할 수 있습니다. 크기를 아주 작게 하거나, 정지시킬 수도 있지요. 색상도 마음대로 바꿀 수 있고 명암도 조절할 수 있습니다. 선명한 이미지도 흐릿하고 희미하게 바꿀 수 있습니다. 아예 삭제할 수도 있지요. 이 과정들이 연속적으로도 일어날 수 있습니다. 상처가 되었던 기억이나 장면이 마음에 떠오르면 화면 속에 집어넣습니다. 화면을 꽉 채운 기억이 점점 작아지고 희미해지면서 사라지는 상상을 합니다.

하다 보면 점점 이미지를 조절하는 것이 능숙해집니다. 기억에 압도당하지 않게 됩니다. 상처의 기억에 휘둘리지 않고 무력감에서 벗어날 수 있습니다.

사건 사고 영상을 큰 화면으로 보면 더 끔찍하게 느껴집니다. 그러나 영상을 사진으로, 컬러 사진을 흑백으로, 선명한 사진을 흐릿한 사진으로, 큰 사진을 아주 작은 사진으로 바꾸면 자극이 약해집니다. 페이드아웃은 두 과제에 동시에 집중하는 '이중 초점 전략' 형태입니다. 상처 기억을 회상하는 동안 상상 속의 화면을 바라보는 것이지요. 한편으로는 떠올린 상처 기억(이미지, 생각, 감정, 감각)에 주의를 기울이면서 다른 한편으로는 상상 속의 화면에 상처 기억을 집어넣고 사라지게 하는 것입니다.

동시에 두 가지 과제를 수행하면 저절로 상처에 거리를 두게 됩니다. 상처 기억에 깊이 빠져들지 않고 과거를 바라볼 수 있습니다. 당사자이자 거리를 둔 관찰자의 관점으로 바라보게 됩니다. 이렇게 하면 회상된 상처의 생생함이나 부정적 정서가 감소합니다.

페이드아웃은 어디서든 할 수 있습니다. 모니터가 있는 곳이라면 더 좋겠죠. 사무실에서 하기 아주 좋은 기법입니다. 모니터가 없다면 벽이나 책상을 모니터라고 상상해도 됩니다. 화장실에 앉아서 화장실 문을 모니터라고 상상할 수도 있습니다. 버스나 지하철의 창문이나 광고판을 활용해도 됩니다.

연습 3.   페이드아웃

우선 자리를 잡고 앉거나 섭니다. 그리고 눈앞의 모니터를 봅니다. 눈을 뜬 상태에서(가능하면 눈을 감지 않습니다) 심호흡을 3회 합니다.

지금 마음속에 올라와 나에게 고통을 주는 기억이나 장면을 떠올립니다. 그 기억을 눈앞에 있는 모니터 속에 집어넣는다고 상상합니다. 모니터에 기억이 쑥 빨려 들어간다고 상상해보아도 좋습니다.

모니터 속에 들어간 기억을 마우스를 이용해 조정해봅니다. 색상을 흑백으로, 선명도를 낮춰서 희미하게, 크기를 손톱만 하게 조절해봅니다. 단축키를 이용해 화면을 축소해봅니다. 점점 화면이 작아지는 것을 봅니다. 마지막으로 모니터 속에 있는 상처의 기억과 장면을 블록으로 지정하고 삭제 키를 누릅니다. 모니터 속의 장면이 흔적도 없이 사라졌습니다. 아무것도 보이지 않는 모니터를 5초 정도 지켜봅니다. 이제 심호흡을 3회 합니다.

이것이 1세트입니다. 좀 편안해졌나요? 마음 상태 점수(114쪽)를 점검해보면서 3~5회 반복합니다.

중요한 것은 모니터에 떠오른 장면이나 기억을 그대로 마주하는 것입니다. 끌려가지 말아야 합니다. 분석·판단하거나 조정하려 하지 않습니다. 상처가 된 기억이 연속적으로 딸려 오면 바로 모니터 속으로 밀어 넣어버립니다. 모니터를 블랙홀이라 상상하면 쉽습니다.

이 기법을 수행하는 중에 마음이 불편해지거나 감정의 혼란스러워지면 바로 중단하고 심호흡을 3회 합니다. 그런 다음 안전기지 기법을 수행합니다.

4.

힘든 마음을
달래는

짧은 명상

내 마음을 돌보는 상처 치유 기법

급하게 마음을 진정시켜야 한다면

5분 호흡 마음챙김 명상은 상처받아 힘든 마음을 안정시켜줍니다. 상처는 마음에 큰 파도를 일으킵니다. 마음은 밖으로 뿜어져 나오려는 에너지로 들끓습니다. 복수하고 싶은 마음도 듭니다. 마음은 부정적인 에너지로 꽉 차게 됩니다.

나도 모르게 상처에 반응해버리기 전에 잠시 마음에 여유 공간을 마련하는 것이 도움이 됩니다. 호흡을 닻으로 삼아 5분간 마음챙김 명상을 하는 것입니다. 지금 일어나는 몸과 마음의 신호가 다시 연결됩니다. 들끓던 내면 경험(생각, 감정, 감각, 느낌, 이미지)을 명쾌한 눈으로 알아차릴 수 있습니다.

심리학자 진델 세갈Zindel Segal, 마크 윌리엄스 Mark Williams, 존 티즈데일John Teasdale은 우울증 재발을 막기 위해 '마음챙김 명상에 기초한 인지치료'를 개발했습니다. 우울증 환자들은 상처 경험을 반추하면서 부정적인 생각과 감정의 파도에 휩쓸립니다. 이 프로그램은 우울증 재발을 막는 데 효과가 있는 것으로 알려져 있습니다. 이 프로그램 안에는 예부터 내려온 정좌 마음챙김 명상과 일상생활 중 활용할 수 있는 3분 호흡 마음챙김 명상도 포함되어 있습니다.

여기서 소개하는 5분 호흡 마음챙김 명상은 정좌 마음챙김 명상을 응용한 것입니다. 자세를 잡고, 호흡을 알아차리고, 내면 경험을 알아차리고, 호흡으로 마무리하는 시간을 고려하면 5분 정도 소요됩니다. 5분 호흡 마음챙김 명상은 연습하기 쉽고 간단합니다.

5분 호흡 마음챙김 명상 수행법

수행법은 다음과 같습니다. 상처의 늪에 빠져 있다는 것을 알아차리고 허우적대지 않기 위해, 먼저 모든 행위를 멈춥니다. 오른손으로 왼손 손가락 전체를 감싸듯이 쥐고 꾹 누르는 것을 멈춤 신호로 사용합니다.

왼손 손가락 전체가 눌리고 조이는 느낌을 알아차립니다. 그리고 심호흡한 후 '지금 내가 무엇을 하고 있지?'라고 자신에게 물어봅니다. 이런 질문을 하면 자신의 내면 경험을 명확히 알아차리게 됩니다. 자동차로 따지면 물어보는 순간 자동 조종 상태에서 직접 조종 상태로 바뀌는 것입니다. 이제 자동차를 의식적으로 운전할 수 있게 되었습니다. 상처받아 자동 조종 상태(흥분, 화, 공격 행동)에 빠져 있다면 마음의 운전대를 다시 잡아야 합니다.

지금 상처받아 억울하고 화가 난다고 합시다. 이가 갈리고 속이 뒤틀리는 느낌이 납니다. 이럴 때 5분 호흡 마음챙김 명상이 도움이 됩니다. 잠시 멈추고 심호흡하며 자신의 들숨 날숨에 주의를 기울입니다. 들숨에 복부가 솟아오르고 날숨에 복부가 꺼지는 느낌에 집중합니다.

호흡을 닻으로 삼아 요동치는 내적 경험에 주의를 기울입니다. 마음의 무대에 무엇이 올라오더라도 있는 그대로 인정하고 받아들이면 됩니다. 몸에서 느껴지는 감각이나 생각, 감정, 이미지들이 마음의 무대에 올라올 것입니다.

마음과 거리 두기가 필요해

5분 호흡 마음챙김 명상은 내적 경험과 거리를 두는 것입니다. 거리 두기는 다른 사람 일인 것처럼 회피하는 것과는 다릅니다. 경험자이자 관찰자가 되어 내가 어떤 생각,

감정, 감각을 경험하고 있는지 알아차리는 것입니다. 호흡하면서 지금 이 순간 마음속에서 일어나는 일들을 지각합니다. 이렇게 하면 상처에 깊이 빠져들지 않으면서 상처를 바라볼 수 있습니다. 반복되는 상처의 순환 고리가 끊어집니다.

5분 호흡 마음챙김 명상은 언제 어디서나 5분만 있으면 할 수 있습니다. 버스나 지하철로 출퇴근하는 중에, 점심시간이나 휴식 시간에, 화장실이나 목욕탕에서도 할 수 있습니다.

방법도 간단합니다. 멈춤 심호를 한 후 심호흡을 합니다. '지금 여기'에서 무슨 일이 일어나고 있는지 알아차리면 됩니다. '어떤 감정이 올라오나?', '어떤 생각이 지나가나?', '어떤 장면이 떠오르나', '어떤 냄새가 나나?', '어떤 소리가 들리나?', '몸의 어떤 부위에서 어떤 감각이 느껴지나?'를 알아차리면 됩니다. 그 경험을 인정하고 받아들이면 됩니다.

5분 호흡 마음챙김 명상은 쉽고 간단하지만, 너무 애쓰는 것은 좋지 않습니다. 감각을 느끼려고 애쓰지 않아야 합니다. 감정, 생각, 이미지를 억지로 알아차리겠다고 달려들지 말아야 합니다. 아무 생각도 나지 않는다면 그냥 '아무 생각도 나지 않는다는 생각이 올라오는구나, 이런 생각이 올라오는 것을 나는 있는 그대로 인정하고 받아들인다'라고 마음속으로 중계방송하듯이 읊어주면 됩니다. 그것이 인정하고 받아들이는 자세입니다.

연습 4.

**5분 호흡
마음챙김
명상**

먼저 앉은 자세를 바로잡습니다. 서서 해도 되지만 보통은 앉아서 하는 것을 권합니다. 허리를 편안하고 위엄 있게 꼿꼿이 세우되 너무 경직되지 않게 합니다. 허리를 반듯이 세우는 동작을 마음속의 지껄임을 멈추는 신호로 활용할 수 있습니다.

자세가 안정되었다고 느끼면 눈을 살짝 감습니다. 심호흡을 천천히 3회 합니다. 바닥과 닿은 발바닥이나 엉덩이에서 올라오는 느낌은 어떤가요? 발가락을 꼼지락거려 봅니다. 딱딱한 느낌인가요? 짓눌리는 느낌인가요? 간지러운 느낌인가요? 차가운 느낌인가요?

호흡에 주의를 기울이며 들숨에 솟아오르고 날

숨에 내려가는 복부의 움직임을 알아차립니다. 복부가 어느 정도 솟아오르고 어느 지점에서 멈추고 내려가서 어느 지점에서 다시 올라오는지 알아차립니다(왼손 손바닥을 배꼽에, 오른손 손바닥을 왼쪽 가슴에 올려놓고 할 수도 있습니다. 왼손 손바닥으로 복부의 움직임을 알아차립니다). 이를 5번 반복합니다. 호흡을 주의가 산만해질 때 현재-여기로 안내하는 닻으로 이용합니다.

호흡을 알아차리는 동시에 마음의 무대에 무엇이 올라오는지 알아차립니다. 몸에서 어떤 감각이 느껴지나요? 어떤 생각이 떠오르나요? 생각을 따라 어떤 감정이 올라오나요? 분노, 적개심, 수치심, 창피함이 올라오나요? 불편하고 피하고 싶겠지만 잠시 이들 경험과 같이 머물러 봅니다. 처음에는 힘이 많이 들 수 있습니다. 해본 적 없기 때문이지요. 몇 번만 시도해보세요. 그렇게 힘들이지 않고 감정들과 같이 있을 수 있게 됩니다.

어떤 감정이든 피하거나 밀어내지 말고 올라오는 그대로 인정하고 "내 마음의 무대에 오른쪽 어깨와 목 사이 부위가 딴딴하게 뭉치면서 찌릿한 느낌이 올라오는구나, 이런 느낌이 올라오는 것을 나는 있는 그대로 인정하고 받아들인다"라는 식으로 몸의 느낌도 살핍니다.
"'지금 이 작업을 빨리 마무리해야 내일 모임에 마음 편하게 나갈 수 있는데'라는 생각이 올라오는구나, 이런 생각이 올라오는 것을 나는 있는 그대로 인정하고 받아들인다"라고 마음속으로 중계방송하듯이 읊어줍니다.

기분 나쁜 일이 불현듯 떠오를 수도 있습니다. 그럴 때도 "오늘 아침 출근길에 후배가 전철에 타는 것을 보고 반가운 마음에 말을 건네려고 했는데 후배는 쌩하고 다른 칸으로 가버렸다. 갑자기 그 기억이 올라오면서 괘씸하고 무시당하고 망신당했다는 생각과 씁쓸한 감정이 올라오는구나. 이런 생각이 올라오는 것을 나는 있는 그대로 인정하고 받아들인다"라고 마음속으로 중계방송하듯이 읊어줍니다.

감각, 생각, 감정들이 마음의 무대에 올라오면 오는 대로 위와 같은 방법으로 하면 됩니다. 그 순간 반복되는 상처의 순환 고리에서 벗어나게 됩니다. 내 마음에서 무엇이 일어나고 있는지 알아차리는 순간 마음의 운전대를 쥐게 됩니다. 자동 조종 상태에서 벗어나는 순간입니다.

마지막으로 크게 심호흡을 3회 합니다. 어느 정도 안정이 되었다고 느껴지면 눈을 뜨겠다는 의도를 가집니다. 그리고 눈을 살짝 뜹니다.

5.

마음의
시냇물에

상처
흘려보내기

내 마음을 돌보는 상처 치유 기법

더는 상처에 휘둘리고 싶지 않다면

'흐르는 시냇물 위에 나뭇잎 띄우기 기법'은 상처받아 아픈 마음에 휘둘리지 않게 해줍니다. 응급조치 방법으로 사용해도 되고 반복적으로 수행해서 익숙해지면 효과적인 상처 치유법이 됩니다. 혼자 있을 수 있는 조용한 공간이 있다면 어디서든 할 수 있습니다. 잠시 화장실에서, 혹은 버스나 지하철을 타고 이동할 때도 할 수 있습니다. 시간도 5~10분 정도면 충분합니다.

마음속에 계속 올라오는 상처받은 경험을 시냇물 위를 떠내려가는 나뭇잎이라고 상상합니다. 시냇물은 물 위에 무엇이 떠 있든 그저 흐를 뿐이지요. 시냇물은 마음의 무대, 의식 공간입니다. 시냇물에 유유히 떠내려가는 나뭇잎을 냇가 둑에 앉아서 바라보는 것입니다.

강가에 앉아 떠내려가는 나뭇잎 바라보기

심리학자 스티븐 헤이스Steven Hayes와 작가 스펜서 스미스 Spencer Smith는 『마음에서 빠져나와 삶 속으로 들어가라』라는 책에서 '인지적 탈융합cognitive defusion'을 제안했습니다. 생각은 사실일 수 있으나 실재는 아니라는 것입니다. 인지적 탈융합은 마음의 무대에 올라온 생각을 거리를 두고 객관적으로 바라보는 것입니다. 여기서는 이를 내면 경험 전체를 대상으로 확대·응용하는 법을 소개합니다.

둑 위에 앉아서 시냇물 위를 떠내려가는 나뭇잎을 바라보고 있다고 상상합니다. 의도적으로 거리를 두는 동시에 시냇물 위를 떠내려가는 나뭇잎에 주의를 기울입니다. 지금-여기의 내면 경험을 적어서 나뭇잎 위에 올려놓습니다. 나뭇잎 위에는 생각뿐 아니라 감각, 감정, 이미지, 기억 등을 띄울 수 있습니다.

마음의 무대에 올라온 것들을 그대로 받아들입니다. 이렇게 하면 뇌는 두 가지 과제를 동시에 처리하게 됩니다. 주의를 분산하면 상황을 객관적으로 바라볼 수 있게 됩니다. 상처받은 마음에서 올라오는 내면 경험들이 나뭇잎에 실려 떠내려가면 내게도 변화가 일어납니다. 나와 내면 경험을 동일시하는 관점에서 벗어나게 됩니다.

연습 5.

**흐르는
시냇물 위에
나뭇잎 띄우기**

자리에 앉아 눈을 살짝 감습니다. 시작하겠다는 의도를 품습니다. 허리를 등받이에 기대지 않고 앞으로 당겨서 자세를 바르게 합니다. 심호흡을 3회 합니다.

그리고 엉덩이와 좌석이 맞닿는 느낌을 느껴봅니다. 차가움 혹은 약간의 온기가 느껴질 것입니다. 딱딱한가요? 눌리는 느낌이 드나요? 간지러운 느낌이 들지는 않는지 알아차려봅니다.

마음속으로 냇가에 앉아서 시원하게 흘러가는 시냇물을 떠올립니다. 주위에는 나무가 있고 냇물은 돌 틈을 돌아 빠르게 혹은 느리게 졸졸 흘러갑니다. 나뭇잎이 몇 장씩 떠내려옵니다.

마음속에 나타나는 내적 경험(생각, 감정, 느낌, 기

분, 기억, 신체 감각, 이미지)을 의식합니다. 내적 경험이 마음 속에 떠오를 때마다 그것을 나뭇잎에 쓴다고 상상합니다. 예를 들어 '어떻게 나한테 그럴 수 있어? 내가 자기 학교 후배가 아니라고 인정해주지도 않고, 이게 무슨 행패야?' 라는 생각이 든다면 먼저 '어떻게 나한테 그럴 수 있지?' 라는 생각을 나뭇잎 위에 글자로 적습니다. 그 나뭇잎은 시냇물을 따라 흘러갑니다. 냇가에 앉아 그 나뭇잎이 사라 질 때까지 지켜봅니다. 다음 나뭇잎에 '내가 자기 학교 후 배 아니라고 인정해주지도 않고'라는 생각을 적습니다. 그 나뭇잎도 시냇물을 따라 흘러갑니다. '이게 무슨 행패야?' 라고 적은 다음 나뭇잎도 흘러가는 것을 지켜봅니다.

감정이 마음의 무대(의식 공간)에 올라오면 하나 씩 이름을 붙여줍니다. 예를 들어 인정받지 못한 데 대한 억울함, 경쟁에서 밀렸다는 좌절감, 불공정에 대한 분노가 뒤섞여 올라왔다면, 이 감정들을 한꺼번에 처리하지 말고 이름을 붙여 하나씩 처리합니다.

먼저 '상사가 나를 인정해주지 않아 억울하구나' 라는 감정이 적힌 나뭇잎이 떠내려가는 것을 지켜봅니다. 다음 나뭇잎에 '경쟁에서 밀렸다는 좌절감이 올라오는구나'라는 감정을 적어 떠내려 보냅니다. 다음 나뭇잎에는 '상사가 공정하게 처리하지 않아 화가 난다'라는 감정을 실어 보냅니다. 냇가에 앉아 그 나뭇잎들이 모두 사라질 때까지 지켜봅니다.

신체 감각이 느껴진다면, 감각이 느껴지는 부위와 감각을 나뭇잎 위에 씁니다. 예를 들어 '숨이 조금 가빠지고 한숨이 나왔다. 아랫배가 팽팽하게 부풀어 올랐다. 주먹이 저절로 불끈 쥐어졌다'라면 신체 감각 각각에 이름을 붙여 하나씩 처리합니다.

먼저 '숨이 조금 가빠지고 한숨이 나오는구나'라는 감각을 나뭇잎 위에 글자로 적습니다. 나뭇잎은 시냇물을 따라 흘러갑니다. 다음 나뭇잎에 '아랫배가 팽팽하게 부풀어 올라오는구나'라는 감각을 실어 흘려보냅니다. '주먹이 저절로 불끈 쥐어지는구나'라는 감각도 나뭇잎 위에 적고 시냇물을 따라 흘러갈 때까지 지켜봅니다.

영상(이미지)이면 그 장면을 나뭇잎 위에 그립니다. 상사의 얼굴이 마음의 무대에 올라오면 '상사의 얼굴, 모습, 목소리, 걸음걸이 등 이미지가 올라오는구나'라고 마음속으로 읊어줍니다. 그러면 나뭇잎에 그 이미지가 그대로 옮겨질 것입니다. 기억이라면 그 기억과 관련된 모든 것(당시 상황, 관련된 사람, 나의 모습)을 나뭇잎 위에 올려놓습니다.

나뭇잎은 시냇물을 따라 계속 흘러갑니다. 냇가에 앉아서 그 나뭇잎이 사라질 때까지 지켜보면 됩니다. 시냇물이 느리게 흐른다고 재촉하지 않습니다. 그냥 흐르는 대로 지켜볼 뿐입니다. 나뭇잎 위에 올려진 것을 변화시키려고 애쓰지 않습니다. 갑자기 엉뚱한 생각이 떠올라도 괜찮습니다. 그 생각을 나뭇잎에 올려 흘려보내면 됩니다.

만약 시냇물에 들어가 있는 것이 나 자신이라거나, 내가 나뭇잎 위에 있다면 그 사실을 그대로 알아차리고 그 전체 이미지가 나뭇잎 위에 올려진다고 상상합니다. 그런 다음 그 나뭇잎이 시냇물 위를 유유히 흘러가는 것을 지켜봅니다. 마음의 무대에 올라오는 것은 그 어떤 것이라도 판단하지 말고 그대로 나뭇잎 위에 올려 떠내려가게 합니다.

그다음으로 내 기대나 욕구를 나뭇잎 위에 써봅니다. 인정받고 싶은 욕구, 존중받고 싶은 욕구, 무시당하고 싶지 않은 욕구, 지지받고 격려받고 싶은 욕구 등이 있겠지요. 그리고 꼭 하고 싶었던 말을 나뭇잎 위에 써서 그 대상과 함께 흘려보냅니다. 하고 싶었는데 못 했던 행동도 나뭇잎 위에 써서 흘려보내세요.

　　어느 정도 흘려보냈다면 눈을 감은 상태에서 심호흡을 3회 천천히 합니다. 알람을 맞추어놓는 것도 방법입니다. 그렇게 한 다음 몸 전체의 감각을 알아차립니다. 긴장하고 있는지, 목 뒤쪽에 따끔한 느낌이 드는지, 가슴이 조이는 느낌이 들지는 않는지 알아봅니다. 그 느낌이 어떻게 변하는지도 지켜봅니다. 주먹을 3번 정도 쥐었다 폈다 합니다. 그러고 난 다음 천천히 눈을 뜹니다.

6.

치유를
향해

걸어간다

내 마음을 돌보는 상처 치유 기법

걷기만 해도 마음이 좋아진다

상처받아 힘들 때 걷기만 해도 응급조치가 됩니다. 마음챙김 걷기mindful walking는 시간을 내어 명상을 하는 것과 같은 효과를 냅니다. 혼자서 천천히 걸을 수 있는 공간만 있다면 집·일터·길거리에서, 계단을 오르내리면서, 산책하면서 언제든 할 수 있습니다.

상처받은 사람의 내면에는 폭풍우가 휘몰아칩니다. 감정이 솟구치고, 몸의 여러 기관은 감정에 반응합니다. 억울하거나 괘씸하다는 생각이 듭니다. 점점 더 마음속 폭풍우의 에너지가 커집니다. 이럴 때 마음챙김 걷기로 폭풍우의 에너지를 빼줄 수 있습니다. 상처로 뒤범벅이 된 내면 경험을 정리하게 되고, 상처로 인한 폭풍우의 악순환이 끊어지면서 편안해집니다.

주의 기울이면 걷기

마음챙김 걷기는 걷는 행위 자체에 주의를 기울이는 것입니다. 지금 여기에서 일어나는 실제 경험으로 주의를 데려옵니다. 발을 들어 올리고 나아가고 다시 발을 디디는 각

각의 동작에 주의를 기울입니다. 걷는 감각을 닻으로 활용합니다. 한 걸음 한 걸음 걸을 때마다 마음의 무대에 올라오는 감각·생각·감정·기억·이미지를 알아차립니다. 그것들을 부드럽고 친절하게 다독이며 인정합니다. 그리고 걷는 감각으로 돌아옵니다.

걷는 행위와 내면 경험에 동시에 주의를 기울이면 주의가 한 대상에 지나치게 밀착되지 않아 적절한 거리 두기가 가능해집니다. 그러면 내면 경험을 직면하고 그대로 받아들이기 쉬워집니다.

의도 확인하기

마음챙김 걷기를 하기 전에 의도가 무엇인지 확인합니다. 예를 들면 상처의 늪에서 빠져나오겠다는 의도가 있을 수 있지요. 그러나 마음챙김 걷기를 시작하면 그런 의도는 내려놓아야 합니다. 의도나 기대를 품게 되면 마음의 무대에 올라오는 내면 경험을 직면하기 어려워집니다. 긴장하게 되고 내면의 생각·감정·감각·이미지를 기꺼이 받아들이는 데 방해가 됩니다.

걷는 행위와 마음의 무대에 올라오는 내면 경험을 알아차리는 데 집중해야 합니다. 어떤 경험이든 인정하고 기꺼이 받아들이고, 걷는 감각에 주의를 기울입니다. 살면서 처음 경험하는 것처럼 발을 들고 옮기고 내려놓습니다. 그 감각을 알아차립니다.

마음챙김 걷기는 시간이 정해져 있지 않습니다. 5분 정도만 걸어도 됩니다. 시간이 된다면 걷고 싶은 만큼 걸어봅니다. 마음챙김 걷기는 빠른 걸음보다는 느린 걸음이 적절합니다. 빨리 걸으면 순간순간 동작의 감각을 알아차리기 어렵습니다. 매 순간 달라지는 미세한 동작과 감각을 알아차리려면 걸음이 매우 느려져 한 걸음에 1분이 걸릴 수도 있습니다. 하지만 일부러 느리게 걸을 필요는 없습니다. 보폭도 평소대로면 됩니다. 나에게 가장 편한 방식으로 걷습니다.

연습 6.   **마음챙김**
                                걷기

먼저 장소를 정합니다. 자동차가 다니는 도로나 사람들과 부딪칠 수 있는 길, 울퉁불퉁하거나 위험한 곳은 피합니다. 회사 근처의 작은 길도 괜찮습니다. 길이 짧다면 왕복하면 됩니다.

　　　장소를 정했다면 마음챙김 걷기를 시작할 지점에서 자세를 바로 하고 섭니다. 심호흡을 크게 3번 합니다. 긴장한 부분이 있는지 온몸의 감각을 알아차립니다. 긴장되는 부분은 간단하게 스트레칭합니다. 고개는 너무 숙이거나 들지 않도록 바로 들고 앞을 바라봅니다. 양손은 살짝 펴서 다리 옆에 내려도 되고, 배꼽 앞에서 포개어 잡아도 됩니다. 뒷짐을 져도 됩니다.

준비가 되었다면 마음챙김 걷기를 시작합니다. 마음속으로 '마음챙김 걷기 시작'이라고 읊어줍니다. 주먹을 살짝 쥐는 것이나 헛기침을 시작 신호로 삼을 수도 있습니다. 발바닥과 양말·신발이 닿는 느낌, 발바닥이 땅에 닿는 느낌을 알아차립니다. 걸으려는 충동을 의식하고 익숙한(왼쪽 혹은 오른쪽) 발과 다리가 움직이려고 하는 것을 알아차립니다. 한 발을 들어 올리면 다른 발은 고정되고 몸의 무게가 그 발로 옮겨 가는 것을 알아차립니다.

들어 올린 발을 앞으로 뻗어 바닥에 내려놓을 때 들어 올린 발, 다리, 몸 전체의 감각을 알아차립니다. 뒤꿈치부터 발바닥 중간을 거쳐 발끝이 땅에 닿는 느낌을 알아차립니다. 동료와 말다툼했던 장면이 갑자기 떠오르면서 배가 팽팽하게 긴장된다면 걸음을 멈추고 '내 마음의 무대에 말다툼했던 장면이 올라오는구나', '내 마음의 무대에 배가 팽팽한 느낌이 올라오는구나'라고 마음속으로 읊어줍니다.

걷기 동작을 이어갑니다. 다시 한쪽 발과 다리에 몸의 전체 무게가 이동되는 것을 알아차립니다. 다른 쪽 발을 들어 올립니다. 발이 올라가고 앞으로 내딛고 뒤꿈치부터 땅에 닿으면서 발바닥 중간을 거쳐 발가락 쪽으로 무게중심이 이동하는 것을 느끼고 알아차립니다. 만약 균형을 잃고 기우뚱한다면 몸의 무게중심이 쏠리는 부위의 근육이 팽팽해지는지, 늘어나는지, 눌리는지 감각을 알아차립니다. 다시 동료의 얼굴과 상사의 얼굴이 떠오르면 잠시 걸음을 멈추고 심호흡을 합니다. '내 마음의 무대에 상사와 동료의 얼굴이 올라오는구나'라고 읊어주면서 뚫어지게 그 얼굴들을 바라봅니다.

마음속에 떠오르는 감정이 어떻게 변하는지도 알아차립니다. '내 마음의 무대에 화난 감정이 올라오는구나', '내 마음의 무대에 동료에게 복수하고 싶은 충동이 올라오는구나'라고 마음속으로 읊어줍니다.

다시 걷기 동작을 이어갑니다. 무게중심을 다른 발과 다리로 옮기면서 발·다리와 몸 전체의 감각을 알아차립니다. 이런 식으로 걸음마다 온몸에서 느껴지는 감각을 알아차립니다. 발을 들어 올리고, 옮기고, 내려놓고, 몸의 무게중심이 이동하는 것에 따라 변하는 감각을 알아차립니다.

주의가 흐트러지며 감각을 놓치기도 합니다. 정

상적인 반응이니 당황하지 말고 주의가 달아났다는 것을 알아차리면 됩니다. 알아차린 즉시 부드럽게 마음속으로 주의가 어디로 갔는지 읊어줍니다. 그리고 다시 걷는 행위로 주의를 되돌리면 됩니다.

마음챙김 걷기가 아직 익숙하지 않다면, 주의를 놓쳤다는 것을 알아차렸을 때 일단 걷기 동작을 멈춥니다. 달아난 주의를 받아들이고 다시 걷는 것이 좋습니다. 마음챙김 걷기가 익숙해지기 전에는 시선을 앞쪽에 고정하고 발을 내려다보거나 멀리 내다보지 않도록 합니다.

걷는 방향을 바꾼다면, 우선 방향을 바꾸겠다는 의도를 알아차립니다. 방향을 바꾸는 동작에 따라 다리, 발 등의 신체 감각이 변하는 것을 알아차립니다.

마음챙김 걷기를 마칠 때는 '이제 마음챙김 걷기를 마치겠다'는 의도를 가집니다. 멈추고 싶은 적당한 곳에 두 발을 가지런히 놓습니다. 심호흡을 3회 합니다. 발·다리와 몸 전체에서 올라오는 감각을 다시 한 번 알아차립니다. 어깨를 돌리며 가볍게 스트레칭합니다. 마음속으로 나에게 수고했다고 격려해줍니다.

7.

잠깐
거리를 두는

기술

내 마음을 돌보는 상처 치유 기법

마음의 늪에서 빠져나올 것

'거리 두기' 기법은 상처받았을 때 할 수 있는 응급조치법으로, 부정적인 생각과 감정의 늪에서 빠져나오게 해줍니다. 상처의 늪에 더 깊이 빠져들지 않도록 숨을 고르는 방법입니다.

늪에 빠졌을 때는 힘을 빼고 최대한 표면에 닿는 몸의 면적을 넓혀야 합니다. 허우적거리면서 힘을 쓰면 쓸수록 더 빠져듭니다. 상처를 받았을 때도 마찬가지입니다. 그 상황에서 잠시 떨어져서 상처에서 빠져나올 기회를 만들어야 합니다. 여기서 제시하는 거리 두기 기법은 자기계발 훈련 전문가인 마르코 폰 뮌히하우젠Marco von Münchhausen 박사가 『결국, 감정이 문제야』에서 제안한 방법을 응용한 것입니다.

드라마에 자주 나오는 장면이 있습니다. 주인공이 열렬히 사랑하던 연인과 이별하자 외국으로 훌쩍 떠나거나 한적한 바닷가에서 파도를 바라보는 장면입니다. 도시 생활에 지쳐 홀연히 시골이나 산으로 떠나기도 합니다. 스트레스를 심하게 받아 지칠 때는 일상에서 벗어나 환경을 바꾸어보는 것이 실제로 도움이 됩니다. 훌쩍 자동차를 몰고 낯선 길을 가는 것, 기차나 버스, 비행기를 타는 것은 새로운 자극입니다. 상처를 주는 현장에서 탈출하는 것이 지요. 새로운 자극에 주의를 집중하면 심리적 거리도 확보할 수 있습니다.

시야를 넓혀야 하는 이유

분자 단위의 미세한 연구를 하려면 정밀한 현미경이 필요합니다. 반면에 하늘에 있는 별을 연구하려면 멀리 볼 수 있는 망원경이 필요하지요. 현미경으로는 멀리 떨어진 별의 움직임을 볼 수 없습니다. 그런데 상처를 받아 부정적 생각·감정·감각의 늪에 빠지면 망원경이 필요할 때 현미경을 찾게 됩니다. 상처받은 이유를 찾고 대처해보려고 열심히 노력해보지만 전혀 도움이 되지 않고 오히려 힘만 빠져 지치게 됩니다. 별을 볼 수 있는 망원경이 바로 옆에 있다는 것을 잊어버립니다.

상처받아 많이 힘들 때는 큰 숨을 한번 쉬면서 하늘을 바라봅니다. 태양, 구름, 비행기, 새들이 보이나요? 상처받아 좁아진 시야를 넓혀보세요. 가슴에 부정적인 에너지가 꽉 차면 시야가 흐려집니다. 뿌연 시야를 환기할 필요가 있습니다.

어떤 문제가 풀리지 않으면 한 발짝 떨어져서 지켜보는 게 좋습니다. 간단하지만 현명한 방법입니다. 거리를 두는 방법에는 환경을 벗어나는 공간적 거리 두기와 시간을 두고 기다려보는 시간적 거리 두기가 있습니다. 상처받은 생각·감정·감각·이미지에 붙잡혀 있는 의식을 떼어내는 심리적 거리 두기도 있습니다.

○ 공간적 거리 두기

일단 현재 있는 장소에서 벗어납니다. 커피 한 잔 들고 옥상이나 휴게실로 가거나 동네를 한 바퀴 돕니다. 휴가를 내고 조용한 곳으로 떠납니다.

     새로운 환경에서는 새로운 것에 주의를 집중할 수밖에 없습니다. 낯선 것이 내게 위협이 되는지 유쾌한지 판단하려면 주의를 기울여야 하기 때문이지요. 그 순간 상처의 늪에서 허우적거리지 않게 됩니다. 상처는 사라지지 않을 테지만, 그 상처를 대하는 나는 달라집니다.

○ 시간적 거리 두기

상처받아 힘들 때 "이 또한 지나가리라"라고 나를 격려하며 기다려봅니다. 체념하거나 마음을 억누르라는 것이 아닙니다. 시간의 힘을 믿고 지금의 고통을 인지하면서 흐르는 시간을 지켜보라는 것입니다. 질 볼트 테일러Jill Bolte Taylor 박사는 90초 간 아무것도 하지 않으면 감정이 사라진다고 했습니다. 시간적 거리 두기로 분위기를 바꾸고, 상처를 바라보는 관점까지도 바꿀 수 있습니다. 하지만 습관적으로 하는 것은 좋지 않습니다. 그보다는 마음의 맷집을 키우는게 우선입니다.

○ 심리적 거리 두기

심리적 거리 두기는 심호흡하면서 내면 경험을 마주하는 방법입니다. 상처받으면 마음속이 부글부글 끓어오릅니다. 그럴 때는 로켓을 타고 지구를 벗어나 우주정거장에 앉아서 지구를 본다고 상상합니다. 나에게 상처를 준 지구의 한 나라 한 지역의 어떤 장소를 바라봅니다. 우주에서 바라보면 내가 있는 곳은 한 점에 불과합니다. 너무 작아서 상처 준 사람과 상처받은 사람은 보이지도 않습니다.

8. **마음만큼**

몸도
아프다면

몸에 남은 상처의 기억 털어내기

상처를 받으면 기억에 저장됩니다. 상처받았을 때의 감정과 함께 몸의 감각이 남습니다. 상처받았을 때 아프고 고통스럽고 화나고 창피한 감정은 상대적으로 인지하기 쉽습니다. 하지만 상처받았을 때 몸이 경험하는 것을 알아차리는 것은 훨씬 더 힘듭니다. 몸 마음챙김 명상은 지금-여기 몸이 경험하는 감각에 주의를 기울이며 몸에 남은 상처의 흔적을 알아차리는 데 도움을 줍니다.

몸은 생존을 위해 작은 상처에도 반응합니다. 대표적인 것이 싸움-도주-얼어붙음 반응입니다. 이런 반응이 일어난다는 것은 몸이 비상 상태라는 증거입니다. 하지만 많은 사람이 체면 때문에 아무렇지 않은 척하거나, 술이나 음식으로 상처를 달랩니다. 그렇게 해도 몸에는 긴장한 흔적이 남습니다. 생존을 위해 많이 사용하는 부위는 계속 긴장하고 있습니다.

상처를 푼다는 것은 나도 모르게 내 몸에 누적된 긴장의 에너지를 풀어내는 것입니다. 상처를 풀려면 긴장한 곳을 알아차려야 합니다. 몸이 하는 말을 알아차리면 상처의 쳇바퀴를 멈출 수 있습니다.

마음과 몸이 함께 쉬어야 한다

구글 직원들을 위한 '마음챙김 명상에 기반한 감성 지능 프로그램'이 있습니다. 구글의 엔지니어 차드 멍 탄Chade-Meng Tan은 『너의 내면을 검색하라』에서 몸 마음챙김 명상을 감정에 대한 고해상도 인식능력을 개발하는 방법이라고 했습니다.

몸 마음챙김 명상을 통해 감정이 일어나 유지되고 사라지는 전 과정의 변화를 알아차리는 능력이 높아집니다. 몸 마음챙김 명상은 몸과 마음의 생리적 변화를 알아차리는 데 도움을 줍니다. 몸에서 보내는 신호를 정밀하게 인식할 수 있게 되기 때문이지요. 감정의 리듬도 정밀하게 받아들이게 됩니다.

몸 마음챙김 명상은 눈을 감고 앉아서 또는 누워서 심상으로 내 몸의 각 부위를 스캔하는 것입니다. 그러면서 지금까지 매 순간 존재하고 있었지만 알지 못했던 몸의 치유 신호와 접속합니다.

몸 마음챙김 명상은 상처의 기억을 마음의 무대로 불러오는 것보다는 상처의 기억과 연관된 몸의 감각을 알아차리는 데 집중합니다. 몸의 감각과 함께 상처의 기억에 붙어 있는 감정과 생각이 따라 올라올 수 있습니다. 그것들을 그대로 인정하고 받아들입니다. 그런 다음 다시 몸의 감각을 알아차립니다. 몸 마음챙김 명상은 저인망식 수동적 상처 치유법이라고 할 수 있습니다.

언제, 어디에서 할까?

몸 마음챙김 명상은 연습할 시간과 장소가 필요합니다. 하루에 2번(아침저녁), 한 번에 30분 정도 연습합니다. 장소는 조용히 눕거나 앉을 수 있는 공간이면 됩니다. 몸 마음챙김 명상 연습을 하기 전에 촛불을 켜거나 조용한 음악을 트는 등 나만의 의례를 마련하면 더 좋습니다.

　　'몸을 정화하겠다', '통증을 없애겠다', '마음의 평안을 얻어야겠다'는 기대나 목적은 내려놓는 것이 좋습니다. 그런 기대나 목적은 오히려 몸과 마음을 긴장시킵니다. 이런 동기가 마음의 무대에 올라오면 그것을 알아차리고 내려놓아야 합니다. '내 마음의 무대에 몸 마음챙김 명상 연습을 해서 마음이 편안해지면 좋겠다는 생각이 올라왔구나. 이런 생각을 나는 있는 그대로 인정하고 받아들인다'라고 마음속으로 읊어줍니다.

몸 마음챙김 명상을 하기 전에

연습 페이지(176쪽)에 있는 지시문을 몇 차례 읽습니다. 눈을 살짝 감고 지시문을 따라 합니다. 가족이나 믿을 만한 사람에게 지시문을 천천히 읽어달라고 해도 좋습니다. 지시문을 직접 녹음해서 활용하면 더 좋습니다.

연습하면서 이 생각 저 생각이 들 것입니다. 화나는 마음, 억울한 마음과 함께 특정 이미지도 떠오를 수 있습니다. 이상하게 생각할 필요 없습니다. 괜찮습니다. 아주 정상적인 상태입니다. 마음의 무대에 올라오고 싶어하는 손님이 있다면 올라오게 내버려둡니다. 마음의 손님은 간섭하지 않으면 잘 놀고 저절로 내려가니 두려워하지 않아도 됩니다.

몸 마음챙김 명상은 앉아서 해도 되고, 누워서 해도 됩니다. 누울 때는 똑바로 눕고 의자에 앉으면 양발을 가지런히 내려놓습니다. 긴장하지 않으면서 가장 편한 자세를 취하면 됩니다. 자세가 너무 느슨하면 졸리기 쉽습니다. 몸은 약간 따뜻하게 합니다. 추우면 몸이 수축하고 긴장하게 됩니다. 방이 춥다면 겉옷이나 담요를 덮고 할 수 있습니다.

의자에 앉을 때는 등을 의자에서 주먹 크기만큼 떨어지게 해서 척추를 세웁니다. 지나치게 꼿꼿하게 세워 긴장하지 않도록 주의합니다. 자세를 잡았으면 몸 전체를 살펴보며 긴장한 부위가 있는지 알아차립니다. 그 부위의 힘을 쭉 뺀다는 느낌으로 이완합니다.

몸을 잘 느끼겠다는 욕심도 내려놓아야 합니다. 있는 그대로 느껴지는 대로 받아들이면 됩니다. 자신의 몸을 믿고 몸이 하는 말을 들으면 됩니다. 아무 느낌도 없다는 것은 몸의 말이 아닌 머릿속 생각입니다. 그럴 때는 "내 마음의 무대에 '몸에 아무 느낌도 없다'는 생각이 올라오는구나. 이런 생각이 올라오는 것을 나는 있는 그대로 인정하고 받아들인다"라고 마음속으로 중계방송하듯이 읊어줍니다.

연습 8.

**몸
마음챙김
명상**

*앞의 시간은 대강의
소요 시간입니다.*

○준비

REC 10초   눈을 살짝 감습니다. 왼손 손바닥을 배꼽 위에 두고 오른손 손바닥은 왼쪽 가슴에 얹습니다. 내가 지금 어디에 있는지, 무엇을 경험하고 있는지 마음속으로 자문합니다.

REC 20초   심호흡을 3회 합니다.

REC 10초   호흡에 주의를 기울입니다. 숨을 들이쉬고 내쉴 때마다 아랫배가 부풀어 오르고 꺼져 내려가는 것을 느껴봅니다. 숨을 들이쉴 때 아랫배가 어디까지 올라가는지, 숨을 내쉴 때 아랫배가 어디까지 내려가는지 알아차립니다.

REC 5초 방바닥이나 침대, 의자와 닿아 있는 몸의 감각을 느껴
봅니다.

REC 15초 딱딱한가요? 눌리는 느낌인가요? 차가운가요? 따뜻
한가요? 느낌을 알아차렸다면 "내 마음의 무대에 ○
○(엉덩이/허리)가 ○○한(딱딱한/눌리는/차가운/따
뜻한) 느낌이 올라오는구나, 이런 느낌이 올라오는 것
을 나는 있는 그대로 인정하고 받아들인다"라고 마음
속으로 중계방송하듯이 읊어줍니다.

○스캔하기

머리끝에서 발끝까지 온몸을 천천히 빈틈없이 스캔합니
다. 특별히 무엇인가를 찾으려고 하지 말고 가만히 그곳의
감각을 느낍니다. 판단하지 않고 느끼는 대로 알아차리면
됩니다. 어떻게 해보겠다는 의도는 아예 내려놓습니다.

REC 5초 정수리로 주의를 가져가서 느낌을 알아차립니다.

REC 15초 뜨끈뜨끈한가요? 묵직한가요? 간질간질한가요? 느낌
을 알아차렸다면 "내 마음의 무대에 정수리가 ○○○
한(뜨끈뜨끈한/묵직한/간질간질한) 느낌이 올라오는

구나, 이런 느낌이 올라오는 것을 나는 있는 그대로 인
정하고 받아들인다"라고 마음속으로 중계방송하듯이
읊어줍니다.

REC 5초 다음은 머리 전체의 감각을 느껴봅니다.

REC 15초 두통이 있나요? 욱신거리나요? 뜨거운가요? 차가운
가요? 서늘한가요? 시원하고 깔끔한가요? 느낌을 알
아차렸으면 "내 마음의 무대에 머리가 ○○○한(뜨거
운/차가운/욱신거리는/서늘한/시원한) 느낌이 올라오
는구나, 이런 느낌이 올라오는 것을 나는 있는 그대로
인정하고 받아들인다"라고 마음속으로 중계방송하듯
이 읊어줍니다.

REC 5초 같은 방식으로 머리 뒤쪽, 머리 양옆과 양쪽 귀의 감각
을 느껴봅니다.

REC 15초 느낌을 알아차렸으면 "내 마음의 무대에 머리 뒤쪽이
○○한(묵직한/당기는) 느낌이 올라오 는구나, 이런 느
낌이 올라오는 것을 나는 있는 그대로 인정하고 받아들
인다"라고 마음속으로 중계방송하듯이 읊어줍니다.

REC 5초 이마, 눈, 코, 뺨, 턱, 입으로 내려오면서 감각을 알아
차립니다.

REC 15초   이마가 긴장되어 있나요? 주름을 짓고 찡그리고 있나요? 부드럽고 평평한가요? 느낌을 알아차렸으면 "내 마음의 무대에 이마가 ○○한(긴장한/주름진/찡그린/부드러운/평평한) 느낌이 올라오는구나, 이런 느낌이 올라오는 것을 나는 있는 그대로 인정하고 받아들인다"라고 마음속으로 중계방송하듯이 읊어줍니다.

REC 5초   이어서 눈과 눈 주위의 감각을 느낍니다.

REC 15초   눈이 간질간질한가요? 뻑뻑한가요? 따가운가요? 느낌을 알아차렸으면 "내 마음의 무대에 눈이 ○○한(간질간질한/뻑뻑한/따가운) 느낌이 올라오는구나, 이런 느낌이 올라오는 것을 나는 있는 그대로 인정하고 받아들인다"라고 마음속으로 중계방송하듯이 읊어줍니다.

REC 5초   이어서 코의 감각에 주의를 둡니다.

REC 15초   콧등이 따가운가요? 간지러운가요? 숨쉬기 편한가요? 코가 막혀 갑갑한가요? 콧속을 들어오고 나가는 공기가 차가운가요? 따뜻한가요? 느낌을 알아차렸으면 "내 마음의 무대에 코가 ○○한(따가운/간지러운/편한/갑갑한/차가운/따뜻한) 느낌이 올라오는구나, 이런 느낌이 올라오는 것을 나는 있는 그대로 인정하고 받아들인다"라고 마음속으로 중계방송하듯이 읊어줍니다.

이번에는 입에서 올라오는 감각에 주의를 기울입니다.

입이 오므려 있나요? 벌리고 있나요? 입술은 촉촉한 가요? 꺼칠꺼칠한가요? 입안은 촉촉한가요? 딱딱한가 요? 혀는 부드러운가요? 얼얼한가요? 까칠까칠한가 요? 따가운가요? 느낌을 알아차렸으면 "내 마음의 무 대에 입이 ○○한(오므린/벌린/촉촉한/꺼칠꺼칠한/딱 딱한/얼얼한/따가운) 느낌이 올라오는구나, 이런 느낌 이 올라오는 것을 나는 있는 그대로 인정하고 받아들 인다"라고 마음속으로 중계방송하듯이 읊어줍니다.

목구멍 안쪽의 감각도 마음챙김합니다.

목구멍이 따가운가요? 칼칼한가요? 시원한가요? 느 낌을 알아차렸으면 "내 마음의 무대에 목구멍 안쪽이 ○○한(따가운/칼칼한/시원한) 느낌이 올라오는구나, 이런 느낌이 올라오는 것을 나는 있는 그대로 인정하 고 받아들인다"라고 마음속으로 중계방송하듯이 읊 어줍니다.

턱에서 느끼는 감각도 알아차립니다.

`REC 15초` 턱이 간질간질한가요? 뻐근한가요? 얼얼한가요? 느낌을 알아차렸으면 "내 마음의 무대에 턱이 ○○한(간질간질한/뻐근한/얼얼한) 느낌이 올라오는구나, 이런 느낌이 올라오는 것을 나는 있는 그대로 인정하고 받아들인다"라고 마음속으로 중계방송하듯이 읊어줍니다.

`REC 5초` 얼굴 전체의 감각을 느껴봅니다.

`REC 15초` 긴장되어 굳어 있나요? 피부가 까칠까칠한가요? 전기가 오듯이 피부가 저릿저릿한가요? 찌뿌둥한가요? 느낌을 알아차렸으면 "내 마음의 무대에 얼굴이 ○○한(까칠까칠한/저릿한/찌부둥한) 느낌이 올라오는구나, 이런 느낌이 올라오는 것을 나는 있는 그대로 인정하고 받아들인다"라고 마음속으로 중계방송하듯이 읊어줍니다.

몸의 특정 부위에서 감각이 느껴지지 않을 수도 있습니다. 그럴 때는 감각을 억지로 느끼려고 하지 않습니다. 아무 느낌도 없다는 것은 몸의 말이 아닌 머릿속 생각입니다. 그럴 때는 "내 마음의 무대에 '○○(얼굴/목/어깨/다리/팔 등)에서 아무 느낌도 없다'는 생각이 올라오는구

나. 이런 생각이 올라오는 것을 나는 있는 그대로 인정하고 받아들인다"라고 마음속으로 중계방송하듯이 읊어줍니다. 그리고 다시 몸 마음챙김하던 부위로 돌아옵니다.

목, 양쪽 어깨, 팔, 손목, 손등, 손바닥, 손가락 한 마디 한 마디, 가슴, 아랫배, 등, 허리, 엉덩이뼈, 양쪽 허벅지, 무릎, 종아리, 발목, 발등, 발뒤꿈치, 발바닥, 발가락 한 마디 한 마디까지 마음챙김합니다.

REC 5초 목의 뒤쪽과 양옆 그리고 앞쪽에서 느껴지는 감각을 알아차립니다.

REC 15초 뒷목이 뻐근한가요? 묵직한가요? 가벼운가요? 목의 앞쪽이 갑갑한가요? 딱딱한가요? 목에 뭐가 걸려 있나요? 느낌을 알아차렸으면 "내 마음의 무대에 목이 ○○한(뻐근한/묵직한/가벼운/갑갑한/딱딱한/걸려 있는 듯한) 느낌이 올라오는구나, 이런 느낌이 올라오는 것을 나는 있는 그대로 인정하고 받아들인다"라고 마음속으로 중계방송하듯이 읊어줍니다.

REC 5초 왼쪽 어깨로 주의를 가져갑니다.

REC 15초 어깨 주변에서 무엇이 느껴지나요? 시큰한가요? 욱신거리나요? 뜨끔한가요? 느낌을 알아차렸으면 "내 마음의 무대에 왼쪽 어깨가 ○○한(시큰한/욱신거리는/뜨끔한) 느낌이 올라오는구나, 이런 느낌이 올라오는 것을 나는 있는 그대로 인정하고 받아들인다"라고 마음속으로 중계방송하듯이 읊어줍니다.

REC 3분   서서히 왼쪽 팔을 따라 아래로 내려오면서 팔뚝, 팔꿈치, 손목, 손등, 손바닥, 손가락의 느낌을 알아차립니다. 오른쪽 어깨와 팔, 손목, 손등, 손바닥, 손가락까지 같은 방식으로 알아차리고 읊어줍니다.

REC 5초   가슴에 주의를 가져갑니다. 갈비뼈 부근과 명치 부근, 가슴 전체의 감각을 느껴봅니다.

REC 15초   조이나요? 갑갑한가요? 찌르는 듯한가요? 눌리는가요? 느낌을 알아차렸으면 "내 마음의 무대에 가슴이 ○○한(조이는/갑갑한/찌르는/눌리는) 느낌이 올라오는구나, 이런 느낌이 올라오는 것을 나는 있는 그대로 인정하고 받아들인다"라고 마음속으로 중계방송하듯이 읊어줍니다.

REC 5초   몸 안쪽의 심장과 폐로 주의를 가져갑니다.

REC 15초   심장이 두근거리나요? 벌렁벌렁하나요? 꽉 조이나

요? 폐가 갑갑한가요? 시원한가요? 느낌을 알아차렸
으면 "내 마음의 무대에 심장이 ○○한(두근거리는/벌
렁거리는/꽉 조이는) 느낌이 올라오는구나, 이런 느낌
이 올라오는 것을 나는 있는 그대로 인정하고 받아들
인다"라고 마음속으로 중계방송하듯이 읊어줍니다.

REC 15초   "내 마음의 무대에 폐가 ○○한(갑갑한/시원한) 느낌
이 올라오는구나, 이런 느낌이 올라오는 것을 나는 있
는 그대로 인정하고 받아들인다"라고 마음속으로 중
계방송하듯이 읊어줍니다.

REC 5초   아랫배로 주의를 가져갑니다.

REC 15초   뒤틀리나요? 더부룩한가요? 팽팽하게 부풀어 올랐나
요? 꼭꼭 찌르나요? 느낌을 알아차렸으면 "내 마음의
무대에 아랫배가 더부룩한(팽팽한/꼭꼭 찌르는) 느낌이
올라오는구나, 이런 느낌이 올라오는 것을 나는 있는
그대로 인정하고 받아들인다"라고 마음속으로 중계
방송하듯이 읊어줍니다.

REC 5초   몸속의 위장으로 주의를 가져갑니다.

REC 15초   메스꺼운가요? 쓰린가요? 더부룩한가요? 따끔거리나
요? 대장이 뒤틀리나요? 꼬이나요? 찌릿찌릿한가요?

느낌을 알아차렸으면 "내 마음의 무대에 위장이 ○○
○한(메스꺼운/쓰린/더부룩한/따끔거리는) 느낌이 올라
오는구나, 이런 느낌이 올라오는 것을 나는 있는 그대
로 인정하고 받아들인다"라고 마음속으로 중계방송
하듯이 읊어줍니다.

REC 2분 같은 방식으로 서서히 대장, 직장, 소장의 느낌을 알아
차리고 읊어줍니다.

REC 5초 등과 허리로 주의를 가져갑니다. 등부터 척추 양옆의
근육과 목뼈, 등뼈, 꼬리뼈까지 척추 전체의 감각을 느
껴봅니다.

REC 15초 묵직한가요? 뻐근한가요? 뜨끔거리나요? 느낌을 알
아차렸으면 "내 마음의 무대에 등이 ○○한(묵직한/뻐
근한/뜨끔거리는) 느낌이 올라오는구나, 이런 느낌이
올라오는 것을 나는 있는 그대로 인정하고 받아들인
다"라고 마음속으로 중계방송하듯이 읊어줍니다.

REC 15초 "내 마음의 무대에 허리가 ○○한(묵직한/뻐근한/뜨끔
거리는) 느낌이 올라오는구나, 이런 느낌이 올라오는
것을 나는 있는 그대로 인정하고 받아들인다"라고 마
음속으로 중계방송하듯이 읊어줍니다.

REC 15초 "내 마음의 무대에 꼬리뼈가 ○○한(묵직한/뻐근한/뜨끔거리는) 느낌이 올라오는구나, 이런 느낌이 올라오는 것을 나는 있는 그대로 인정하고 받아들인다"라고 마음속으로 중계방송하듯이 읊어줍니다.

REC 5초 계속해서 양쪽 골반, 엉덩이, 생식기, 항문으로 주의를 돌려 감각을 느껴봅니다.

REC 15초 골반이 시큰한가요? 엉덩이가 가려운가요? 항문이 따가운가요? 생식기가 축축한가요? 느낌을 알아차렸으면 "내 마음의 무대에 골반이 ○○한(시큰한) 느낌이 올라오는구나, 이런 느낌이 올라오는 것을 나는 있는 그대로 인정하고 받아들인다"라고 마음속으로 중계방송하듯이 읊어줍니다.

REC 2분 같은 방식으로 서서히 엉덩이, 항문, 생식기의 느낌을 알아차리고 읊어줍니다.

REC 5분 천천히 다리와 발로 주의를 가져갑니다. 왼쪽 다리 먼저 위에서 아래로 안에서 바깥쪽으로 마음챙김합니다.

REC 15초 허벅지 근육이 단단하게 뭉쳐 있나요? 저릿한가요? 무릎이 시린가요? 뜨끔거리나요? 종아리가 단단하게 뭉쳐 있나요? 발목이 시린가요? 시큰한가요? 발등이 서늘한가요? 간지럽나요? 발뒤꿈치가 딱딱한가요? 발바닥은 따뜻한가요? 차가운가요? 축축한가요? 간지러운가요? 미끌미끌한가요? 느낌을 알아차렸으면 "내 마음의 무대에 허벅지가 ○○한(단단하게 뭉쳐진) 느낌이 올라오는구나, 이런 느낌이 올라오는 것을 나는 있는 그대로 인정하고 받아들인다"라고 마음속으로 중계방송하듯이 읊어줍니다.

REC 3분   같은 방식으로 서서히 무릎, 종아리, 발목, 발뒤꿈치, 발등, 발바닥의 느낌을 알아차리고 읊어줍니다.

REC 3분   같은 방식으로 오른쪽 다리와 발도 마음챙김 합니다.

REC 5초   왼쪽 발가락으로 주의를 가져갑니다. 발가락을 꼼지락거리며 감각을 느껴봅니다.

REC 15초   엄지발가락 끝이 시린가요? 시큰한가요? 욱신거리나요? 신발이나 양말과 닿은 부위가 미끌미끌한가요? 느낌을 알아차렸으면 "내 마음의 무대에 왼쪽 엄지발가락이 ○○한(시린/시큰한/욱신거리는/미끌미끌한) 느낌이 올라오는구나, 이런 느낌이 올라오는 것을 나는 있는 그대로 인정하고 받아들인다"라고 마음속으로 중계방송하듯이 읊어줍니다.

REC 1분　오른쪽 발가락도 같은 방식으로 마음챙김합니다.

○마무리

REC 10초　머리끝에서 발끝까지 몸 전체의 느낌을 알아차립니다.

REC 15초　묵직한가요? 가뿐한가요? 개운한가요? 느낌을 알아차렸으면 "내 마음의 무대에 몸에서 ○○한(묵직한/가뿐한) 느낌이 올라오는구나, 이런 느낌이 올라오는 것을 나는 있는 그대로 인정하고 받아들인다"라고 마음속으로 중계방송하듯이 읊어줍니다.

REC 1분　호흡 감각에 주의를 가져갑니다. 들숨에 공기가 정수리로 들어와서 온몸을 돌아 날숨에 발끝으로 빠져나간다고 상상합니다. 반대로 들숨에 발끝으로 공기가 들어와서 온몸 구석구석을 돌아서 정수리로 빠져나간다고 상상합니다. 2번 반복합니다.

REC 1분　눈을 감은 채로 내가 지금 어디에 있는지 자문해봅니다.

REC 1분　지구 안에 있는 아시아 지역에 있는 한국이라는 나라의 ○○(서울/부산 등)의 ○○(내 집/ 사무실 등)에 있는 ○(방/거실/화장실/식탁/소파)에 앉아(누워) 몸 마음챙김 수련을 하고 있다는 것을 알아차립니다. 주변에 있는 가구, 물건이 어떻게 생겼는지 마음속으로 자문해 봅니다.

REC 20초 심호흡을 3회 합니다.

REC 5초 눈을 천천히 뜨고 주변을 둘러봅니다.

REC 5초 기지개를 켭니다. 양쪽 어깨를 돌리고 가슴을 쭉 폅니다.

REC 2분 양손을 가슴 앞쪽에 모읍니다. 양 손바닥이 뜨거워질 때까지 세게 비벼줍니다. 그다음 양 손바닥으로 눈두 덩이를 감싸줍니다. 따뜻한 느낌이 눈을 거쳐 온몸에 퍼져 나간다고 상상합니다. 2번 더 해봅니다.

이렇게 1세트가 끝납니다. 시간이 된다면 여러 번 반복해서 할 수 있습니다. 1세트는 천천히 순차적으로 진행하고, 다음 세트에서는 감각이 가장 강렬했던 부위에 집중해 마음챙김해도 좋습니다.

9. 속마음을

털어놓고
싶나요?

내 마음을 돌보는 상처 치유 기법

안전하게 마음을 털어놓는 방법

「임금님 귀는 당나귀 귀」라는 전래 동화가 있습니다. 임금님의 모자를 만드는 기술자가 어느날 임금님 귀가 당나귀 귀라는 사실을 알게 되었습니다. 기술자는 이 사실을 누구에게도 말하지 못해 속병이 났습니다. 견디다 못한 기술자는 아무도 없는 대나무밭에 가서 구덩이를 깊게 판 뒤, 거기에 머리를 집어넣고 하고 싶었던 말을 털어놓았습니다. 안전한 방법으로 털어놓을 수 있으면 마음의 병이 나을 수 있다는 것을 보여주는 예화입니다.

상처받은 마음을 털어놓을 수 있는 현실적 기법이 있습니다. 글로 쓰는 것입니다. 참고 억누르며 살다보면 화병이 생깁니다. 한과 억울도 상처받은 마음을 풀지 못해 생기는 증상입니다. 문화심리학자 최상진 교수는 이를 한국인의 문화심리적 고유 정서라고 합니다. 그저 눈치를 보아야 해서, 또는 체면 때문에, 힘이 없어서, 주위 평판을 의식해서, 좋은 사람으로 인정받고 싶어서, 나만 참으면 될 것 같아서, 트라우마로 인해서 참고 감정을 억누릅니다.

심리학자 대니얼 웨그너Daniel Wegner도 생각을 억제하려고 하면 할수록 그 생각이 더 많이 올라온다고 했습니다. 자신의 내면에서 일어나는 경험(감각, 생각, 감정, 이미지, 기억)은 그냥 사라지지 않습니다. 있는 그대로 직면하고 받아들일 때만 사라질 수 있습니다.

　　속마음을 털어놓는 것은 고백 또는 자기 노출이라고도 합니다. 마음에 상처를 입으면 말문이 닫힙니다. 너무 큰 상처는 몸과 마음이 굳게 합니다. 교통사고·화재·홍수·태풍 등 재난으로 입은 마음의 상처도 털어내기 쉽지 않습니다. 동정을 받을만한 사건인데도 속마음을 털어놓기가 쉽지 않습니다. 가정이나 일터에서 받은 상처는 더 털어놓기 어렵습니다. 개인 간의 사적인 문제에는 다른 사람이 관심을 보이지도 않습니다. 각자 자신이 마주한 현실적인 문제를 해결하느라 힘들기 때문입니다. 그리고 무엇보다도, 우리는 속마음을 털어놓는 방법을 잘 모릅니다.

표현적 글쓰기

여기서는 마음챙김 방식으로 변형한 표현적 글쓰기를 소개하려고 합니다. 미국의 심리학자 제임스 페니베이커

James Pennebaker와 동료들은 대학생, 해고된 직장인, 노인 등 다양한 사람을 대상으로 표현적 글쓰기 훈련을 했습니다. 그 결과 글쓰기에 심리적·생리적 효과가 있다는 것을 입증했습니다.

자신의 상처를 글로 표현한 이들은 훨씬 마음이 안정되고, 반추를 덜 하고, 모욕감·불안감·적개심·분노·우울 등 부정적 감정을 덜 느꼈습니다. 면역 기능과 혈압, 심장 기능도 개선되었고, 해고를 당한 사람은 새 직장을 찾는 데도 효과가 있었습니다. 표현적 글쓰기 훈련을 한 사람은 그렇지 않은 사람에 비해 직장을 다시 구한 비율이 거의 3배나 높았습니다.

속마음을 털어놓는 과정에서 감정이 정화되고, 통찰과 알아차림이 일어납니다. 속마음을 털어놓는 훈련은 내면을 성찰하게 합니다. 상처의 기억을 반복적으로 떠올리는 반추에서 벗어나 기억과 직면하는 훈련입니다. 이런 과정을 통해 상처의 늪에서 허우적거리는 나를 보게 됩니다.

속마음을 털어놓는 데는 중요한 전제 조건이 있습니다. 사적인 비밀은 지켜져야 한다는 것입니다. 「임금님 귀는 당나귀 귀」의 모자 만드는 기술자도 자신의 비밀을 아무도 모르게 털어놓을 수 있었기 때문에 병이 나은 것입니다. 페니베이커의 연구에서도 타인이 내 말이나 글을 알 수 있다는 생각만 해도 속마음을 털어놓는 효과가 없어진다는 것이 증명되었습니다. 속마음을 털어놓을 때는 안전함이 중요합니다. 안심하고 깊은 비밀까지 털어놓을 수 있어야 효과가 나타납니다. 속마음을 글로 적었다면, 그 종이는 아무도 보지 못하게 파쇄하거나 태워 없앱니다.

속마음을 털어놓는 글을 쓰는 것이 처음이라면, 지켜야 할 사항이 몇 가지 있습니다. 우선 감당하지 못할 주제는 뒤로 미룹니다. 가벼운 상처 기억부터 쓰는 것이 좋습니다. 억지로 과거 기억을 불러오지 않습니다. 되도록 지금도 아쉬움·억울함·후회·자책감이 드는 기억을 선택합니다.

글쓰기는 안전하고 조용하고 편안한 장소에서 합니다. 혼자만의 공간에서 하는 것이 좋습니다. 주변에 반려동물이나 텔레비전, 라디오를 두지 않습니다. 속마음을 깊이 털어놓을 수 있는 분위기를 만듭니다. 약간의 의식을 갖추는 것도 좋습니다. 처음에는 연속으로 4일간 씁니다. 4일 이후에는 쓰고 싶은 날만 써도 됩니다. 처음에는 글 쓰는 시간을 정해 되도록 매일 일정한 시간에 글을 씁니다. 조건화하는 것입니다.

글쓰기를 시작하기 전에

속마음을 털어놓는 마음챙김 글쓰기를 하기 전에 다음 사항을 숙지하기 바랍니다. 필기구는 손에 부담을 주지 않는 부드럽게 써지는 것이 좋고, 공책은 쓰고 난 후 찢어내기 쉬운 스프링 방식이 좋습니다.

먼저 털어놓을 상처 기억을 정합니다. 상처 기억을 정했으면 그 이유를 마음속으로 설명합니다. 억울함이 풀리지 않아서, 그 사람을 볼 때마다 긴장이 되고 화가 치밀어서 등일 수 있겠지요. 준비가 되면 다음 지침을 따라 쓰기 시작합니다.

처음에는 하루 최소 20분씩 4일간 연속해서 씁

니다. 나흘 동안 한 가지 상처에 대해 써도 좋고, 다른 상처에 대해 써도 좋습니다. 이후에는 새로 받은 상처에 대해 글쓰기를 합니다. 이때는 4일간 쓰지 않아도 됩니다. 쓰고 싶은 만큼 쓰고 상처가 풀렸다고 판단되면 그만둡니다.

마음챙김 글쓰기에서 가장 중요한 것은 상처받은 가장 깊은 내면의 경험을 생생하게 직면하면서 글로 쓰는 것입니다. 그 상처와 연관된 기억이 떠오르면 어떤 것이라도 글쓰기로 털어놓습니다.

처음에는 글쓰기를 하는 동안 오히려 기분이 가라앉거나 각성될 수도 있습니다. 영화를 보고 나서 일시적으로 가슴이 먹먹하고 여운이 남는 것과 같이 몇 분 혹은 몇 시간 동안 그런 기분이 이어지기도 합니다. 꾹꾹 눌러 두었던 상처의 찌꺼기들이 올라와서 버려지는 과정에 일어나는 정상적인 반응이니 걱정하지 않아도 됩니다.

연습 9.

마음챙김
글쓰기

글을 쓰기 전에 크게 심호흡을 3회 합니다. 간단하게 스트레칭해서 몸 전체의 긴장을 풀어줍니다. 가벼운 기억부터 시작해서 차츰 무거운 기억을 탐색합니다.

글자 크기, 쓰는 방향, 철자, 문법, 글씨체는 무시합니다. 글씨를 알아보지 못해도 상관없습니다. 철자와 글씨체 등에 신경 쓰면 긴장하게 되서 속마음을 털어놓을 때 방해가 됩니다.

한번 쓰기 시작하면 멈추지 말고 계속 씁니다. 써 내려가다가 더 쓸 것이 생각나지 않는다고 쉬거나 멈추지 않습니다. 쓸 말이 더 생각나지 않으면 그냥 씁니다. "더 쓸 게 없는데. 아무것도 생각이 나지 않네. 머릿속이 멍해진 것 같다는 생각이 올라오네"라고 쓰면 됩니다. 습관적으로 '생각이 나지 않네'라고 하는 것이 아니라, '생각이 나지 않네'라는 생각이 마음의 무대에 올라온 것을 알아차리고 쓰는 것입니다.

20분 동안은 멈추지 말고 계속 씁니다. 20분 내내 "생각이 나지 않는다는 생각이 올라오네"라고 써도 됩니다. 중요한 것은 생각이 나지 않는 것을 알아차리는 것입니다. 생각이나 감정이 올라오면 그것을 쓰면 됩니다. 생각이 나지 않는다는 것도 생각임을 알아차립니다.

털어놓는 내용을 마음챙김합니다. 내게 상처를 준 사람을 떠올리면 '그 사람을 패주고 싶다'는 생각이 올라올 수 있습니다. 그러면 종이에 "○○○를 패주고 싶다"라고 쓰는 것이 아니라 "내 마음의 무대에 ○○○를 패주고 싶다는 생각이 올라왔구나. 이런 생각이 올라오는 것을 나는 있는 그대로 인정하고 받아들인다"라고 씁니다. 감정이 올라올 때도 "내 마음의 무대에 ○○○ 얼굴과 함께 화난 감정이 올라오는구나, 이런 감정이 올라오는 것을 나는 있는 그대로 인정하고 받아들인다"라고 씁니다. 생각과 나를 동일시하지 않으면 생각과 감정에 빠져들지 않고 있는 그대로 받아들일 수 있게 됩니다.

글을 써 내려가는 중에 나도 모르게 다른 상처의 기억에 대해 쓰고 있다면 그대로 따라갑니다. 판단하지 말고 의식이 흘러가는 대로 씁니다. 마음의 무대에 나타나는 내면 경험들(감각, 생각, 감정, 이미지, 기억)을 있는 그대로 종이 위에 옮깁니다. 감정적인 문제와 관련 없는 일상생활로 넘어갈 때도 있습니다. "오늘 저녁은 뭘 먹지? 내일 출근할 때 차를 가지고 갈까? 버스를 타고 갈까?" 같은 내용을 쓰고 있다면 다시 상처 기억으로 돌아와 글을 씁니다.

쓴 글은 아무에게도 보여주지 않습니다. 파쇄기에 넣어 갈아 없애면 좋습니다. 파쇄되는 소리와 장면을 지켜보면서 글 속에 들어 있는 상처의 기억, 감정, 이미지, 생각, 감정, 감각이 사라진다고 상상합니다. 또는 글 쓴 종이를 태워버립니다. 종이에 불이 붙어 타서 없어지는 것을 지켜봅니다. 글 속에 담긴 상처가 모두 사라진다고 상상합니다.

글쓰기를 마치면 심호흡 기법을 연습합니다.

10.

감추어진
마음

꺼내기

내 마음을 돌보는 상처 치유 기법

상처를 풀어주면 마음은 가벼워진다

상처를 받으면 그 기억은 뇌 깊숙이에 저장됩니다. 시도 때도 없이 우리에 갇힌 맹수처럼 튀어나오려고 으르렁거립니다. 먹잇감만 보이면 달려나옵니다. 상처의 기억은 마음의 무대로 불러와서 풀어주어야 합니다. 이번에는 심상으로 속마음을 남김없이 털어놓는 방법을 소개합니다. 마음챙김 기반 심상 자기 노출 기법입니다.

상처를 치유한다는 것은 상처받았던 사실을 또렷하게 기억하는 것입니다. 상처가 무엇이든 직면하고 회피하지 않는 것입니다. 더 중요한 것은 그 기억에 묻어 있던 내면 경험들(감각, 생각, 감정, 이미지)을 소화하는 것입니다. 속마음을 털어놓으면 눌려 있던 분노, 슬픔, 적개심 등 상처의 감정 에너지가 빠져나갑니다. 상처가 치유된다는 것은 괴로운 증상만 제거되는 것이 아니라, 심리적 면역력이 생기는 것입니다. 나와 타인 그리고 세상을 바라보는 관점이 바뀝니다.

내가 경험한 모든 것은 뇌에 저장됩니다. 어떤 기억들은 처리되지 못한unprocessed 채 남아 있습니다. 어린 시절에 겪은 열등감, 굴욕, 거절, 사고, 폭언, 폭행, 따돌림 등과 같은 기억들은 쉽게 소화되지 않습니다. 일터에서 겪은 상처, 연인·친구·가족·형제 간에 겪은 배신, 억울함, 서운함, 좌절감, 죄책감 등과 관련된 기억도 그렇습니다. 교통사고나 신체적·성적·정서적 학대, 자연재해 등과 같은 심각한 트라우마도 있을 것입니다. 상처의 기억은 풀어질 때까지 마음의 무대를 휘젓고 다닙니다. 풀어달라는 신호를 보내는 것입니다.

상처를 푸는 방법

심리학자와 뇌신경과학자들은 최근 기억이 변화할 수 있음을 밝혀내었습니다. 기억의 변화는 경험을 기억하고 저장한 후 다시 회상하는 과정에 일어난다고 합니다. 한 번 저장된 기억은 회상될 때마다 세포의 시냅스 수준에서 일시적으로 변화하기 쉬운 상태가 됩니다. 브루스 에커Bruce Ecker와 리처드 D. 레인Richard D. Lane 등은 이런 발견을 트라우마 치료 등 심리 치료에 적용했습니다.

기억을 떠올릴 때 불러온 기억을 어떻게 처리하는지가 매우 중요합니다. 대응에 따라 상처의 늪에 빠져

허우적거릴지 상처가 풀릴지 결정된다는 것입니다. 상처의 기억을 반추하면 그 기억은 더 강렬해집니다. 반추하면서 떠올린 기억에 분노나 적개심 등 불쾌한 감정을 덧붙여서 다시 저장하기 때문입니다. 상처의 눈덩이 굴리기가 시작되는 것입니다.

마음챙김 기반 심상 자기 노출 기법

마음챙김 기반 심상 자기 노출 기법을 활용하면 기억에 묻어 있는 상처의 무게를 덜어낼 수 있습니다. 마음의 무대에 올라온 상처 기억을 심상으로 마음챙김하면서 자기 노출하는 것입니다. 회상된 기억은 이전의 기억과는 다른 내용으로 저장됩니다.

나는 상처의 기억을 재경험하는 참여자player인 동시에 거리를 두고 바라보는 관찰자viewer가 될 수 있습니다. 이렇게 하면 상처 기억을 통합적인 관점에서 볼 수 있게 됩니다.

매 순간 의식적 자각 즉, 알아차림하면 의식 공간에서 기억의 내용물(감각, 생각, 감정, 이미지)이 긍정적으로 갱신됩니다. 상처의 기억을 의식 공간에 불러와서 넋두리나 하소연, 반추를 하면 상처가 덧납니다. 반면 상처받았을 때 경험했던 그 상태를 직면하면 치유의 길이 열립니다. 상처 경험에 지나치게 몰입하면 안 됩니다. 그렇다고 남의 일처럼 지나치게 멀리 떨어져서 기계적으로 해석해서도 안 됩니다. 적당한 거리를 유지하고, 부드럽고 친밀하게 기꺼이 받아들일 때 기억이 갱신되며 상처가 치유됩니다.

마음챙김 기반 심상 자기 노출 기법을 연습하기 전에 반드시 알아두어야 할 것이 있습니다. 「상처 치유 워밍업: 마음챙김과 감정 관리」(96쪽)입니다. 상처 기억을 불러왔을 때 판단하지 않고 있는 그대로 볼 수 있어야 하기 때문입니다. 어떤 내용이라도 따뜻하고 부드럽고 친절하게 받아들일 수 있어야 합니다.

마음챙김 기반 심상 자기 노출 기법은 마음의 무대에 올라온 기억을 마음챙김하면서 마음속으로 중계방송하듯이 읊어주는 것입니다. 마음속에서 언어로 표현해야 합니다. 매 순간 일어나고 바뀌고 사라지는 내면 경험(감각, 생각, 감정, 이미지)에 이름을 붙입니다. 마음속에서 상처를 직면하고 마음속으로 자기 자신에게 털어놓는 것입니다.

이렇게 내면 경험과 적절한 거리를 두는 것은, 말로 표현하지 못했던 슬픔이나 분노 같은 강한 정서를 토해내는 데 유용합니다. 〈아리랑〉 등에서 볼 수 있는 한이나 화병, 억울함을 풀어내는 고유의 풀이 방법과 유사합니다.

자기 노출 기법을 연습하는 이유

혹시 의존적이고 눈치 보고 인정받고 싶어 조바심을 내며 상처받는 사람으로 살아오지 않았나요? 나의 몸, 나의 마음과 소통하면 나 자신의 경계를 분명하게 유지하면서 당당하게 남들과 소통할 수 있습니다.

사람은 누구나 상처받으면서 살아갑니다. 문제는 상처를 어떻게 처리하는지입니다. 남의 눈치를 보지 않고 삶의 주인공으로 당당하게 살아가려면 상처의 기억을 속 시원히 털어놓아야 합니다. 그래야 상처의 기억에 뒤범벅되어 터널에 갇힌 것처럼 답답하게 살지 않을 수 있습니다.

기억은 한 번 떠올릴 때마다 내게 기회를 줍니다. 맺힌 매듭을 풀어달라는 신호를 보내는 것입니다. 상처의 기억에 묻어 있는 감각·생각·감정·이미지를 담담하게 마주해야 합니다. 그리고 또렷이 알아차리고 받아들여야 합니다.

테일러 박사는 감정의 수명이 90초에 불과하다고 합니다. 마음속에 올라온 감정은 내가 그대로 받아들일 수 있다면 90초 후에 사라집니다. 내 몸속에 퍼져 있던 감정의 화학물질이 혈류를 통해 빠져나가는 시간이 90초라는 것입니다. 상처의 기억에 묻어 올라온 감정도 90초 동안 인정하고 받아주면 사라집니다. 상처의 기억은 남아도, 기억에 묻어 있던 감정의 에너지는 바뀌게 됩니다. 기억에 묻어 있던 내용물이 바뀌어 다시 저장되는 것입니다. 이것을 상처 치유, 풀림이라고 부릅니다.

감독도, 주연도, 관객도 나
지금부터 내가 감독이고 주인공도 나인 드라마를 볼 것입니다. 내가 관객이 되어 내가 만든 드라마를 보는 것입니다. 사람마다 살아온 인생이 다르고, 같은 경험을 해도 기억에 남아 있는 장면·느낌·기분·감정·생각은 다 다릅니다. 누구도 내 드라마에 이러쿵저러쿵할 수 없고 나도 다른 사람의 드라마에 뭐라 할 수 없습니다. 편안히 앉아 오직 나만 알 수 있는 내 인생 기억 드라마를 관람해봅시다. 지나간 일이지만 마음의 무대에 올리며 지금 여기서 일어나고 있는 일처럼 생생하게 경험해봅시다.

마음의 무대에 어떤 기억이 올라오더라도 괜찮습니다. 올라오는 모든 내면 경험을 극진히 맞이하고 마음속으로 읊어줍니다. 생각을 판단하거나 시비를 가리지 않습니다. 보기 싫다고 밀쳐내지도 않습니다. 생각을 손님처럼 모십니다. 생각은 하늘에 떠서 움직이는 구름처럼 생겨났다가 사라집니다. 영화관의 화면에 나타났다가 사라지는 한 장면입니다. 강물에 떠내려가는 나뭇잎이나 통나무입니다. 내 마음의 무대에 불쑥 올라왔다가 내버려두면 저절로 내려가는 배우입니다. 생각에 끌려가지 않아야 합니다.

내게 속마음을 털어놓겠다는 마음으로 임합니다. 모든 상처를 단번에 해결하겠다는 욕심은 부리지 말아야 합니다. 감당할 수 있는 수준부터 시작하는 것이 좋습니다. 상처를 떠올리는 것이 너무 고통스럽다면 연습을 멈춥니다. 그리고 안전기지 기법을 사용합니다. 안정되면 다시 자기 노출 연습을 해도 되지만, 감당하지 못할 것 같으면 바로 중단합니다. 무리해서 시도하지 않습니다.

　　　이 연습은 조용하고 편안한 혼자만의 공간에서 합니다. 주변에 반려동물이나 텔레비전, 라디오를 두지 않습니다. 조용히 속마음을 털어놓을 수 있는 분위기를 만듭니다. 약간의 의식을 갖출 수 있습니다. 잔잔한 명상 음악을 틀어놓는 것도 좋습니다. 의자에 앉거나 바닥에 앉아도 괜찮지만 가능하면 누워서는 하지 않습니다. 몸이 좋지 않다면 비스듬히 기대서 할 수도 있습니다. 매일 정해진 시간에 최소 30분씩 하는 것을 추천합니다.

　　　연습을 시작하기 전에 지시문을 몇 번 읽고 숙지합니다. 지시문을 녹음해서 틀어놓고 따라 해도 좋습니다. 익숙해지면 지시문 없이도 할 수 있습니다.

연습 10.　　　　　마음챙김 기반
　　　　　　　　　　자기 노출

*앞의 시간은 대강의
　소요 시간입니다.

○ 준비

`REC` 5초　의자에 앉아서 가장 편한 자세를 취합니다. 허리와 등을 의자에 기대지 말고 세웁니다. 긴장한 부분이 있는지 온몸 구석구석을 확인합니다. 머리끝에서부터 얼굴, 입, 턱, 목, 어깨, 가슴, 허리, 골반, 배, 양팔, 양다리, 양손, 양 발목에 힘이 들어가 있는지 확인합니다. 힘이 들어간 부분은 툭 하고 힘을 뺍니다.

`REC` 15초　숨을 크게 들이쉬고 내쉽니다. 그리고 눈을 살짝 감습니다. 고개를 숙이지 말고 정면을 향합니다. 숨을 자연스럽게 들이쉬고 내쉽니다. 3회 정도 편안하게 호흡합니다.

○ 기억을 떠올리는 연습

이 지시문은 연습을 시작하고 3회까지만 하고 그 이후에는 하지 않아도 됩니다. 마음속의 무대에 기억을 떠올리기 위한 연습입니다.

`REC` 5초　어릴 적 살았던 집을 떠올려봅니다. 집의 어느 모습을 보고 있는지 알아차립니다. 집의 전체 모습을 보고 있나요? 골목을 보고 있나요? 현관문을 보고 있나요?

`REC` 5초　집 안으로 들어와 거실, 안방, 식탁, 신발장, 화장실, 내 방이 보이는지 주의를 기울입니다.

`REC` 5초　집의 형태와 색깔을 알아차립니다. 아파트인가요? 주택인가요?

`REC` 5초　다음으로 누구와 같이 있는지 알아차립니다. 부모님의 모습이 보이나요? 형제자매의 모습이 보이나요?

`REC` 5초　어릴 적 살던 집을 떠올릴 때 어떤 기억이 같이 따라오는지 알아차립니다. 혼자인가요? 쓸쓸한가요? 외로움을 느끼나요? 즐거운가요?

○기억 영화 상영하기

REC 20초 상처받았던 기억을 떠올려서 담담하게 바라봅니다. 어린 시절에 겪은 신체적 열등감·굴욕·거절·사고·폭언·폭행·따돌림 등과 같은 기억이 있을 것입니다. 일터에서 입은 상처도 있습니다. 연인·친구·가족·형제에게 받은 상처도 있습니다. 또는 사업을 하면서 겪은 배신감·억울함·서운함·좌절감·죄책감 등과 관련된 기억도 있을 것입니다. 교통사고, 신체적·성적·정서적 학대, 자연재해 등과 같은 심각한 트라우마도 있을 것입니다. 내가 감당할 만한 상처의 기억을 정하고 심상으로 떠올립니다.

REC 20초 나는 기억하지 못하지만, 부모님이나 주변 사람들이 그때 그런 일이 있었다며 들려준 일도 있을 것입니다. 그런 기억 장면을 지긋이 바라봅니다. 그 장면에 들어가서 엉겨 붙지 않습니다. 시비 분별도 판단이나 평가도 하지 않습니다. 그냥 강둑에 앉아 흘러가는 강물에 떠내려가는 나무토막을 바라보듯이 합니다. 외면하지 말고 보이는 그대로 지켜봅니다.

주인공도 나고 감독도 나인 영화를 영화관 관람석에

앉아 내가 보고 있는 것입니다. 모든 욕심과 기대를 내려놓고 보이는 그대로 바라봅니다.

`REC 5초` 어떤 장면이 보이나요?

`REC 5초` 몇 살 때인가요?

`REC 5초` 어디인가요?

`REC 5초` 누구와 있나요? 혼자인가요?

`REC 5초` 나는 무엇을 하고 있나요?

`REC 5초` 어떤 일이 벌어졌나요?

`REC 10초` 어떻게 결말이 났나요?

`REC 10초` 나는 어떤 상태였나요?

`REC 5초` 내 몸의 머리부터 얼굴, 귀, 입, 코, 목, 팔, 다리, 내장기관에서는 어떤 감각이 느껴지나요?

`REC 10초` 긴장된 부분이 있다면 "내 마음의 무대에 ○(배/가슴 등)이 긴장되어 굳어 있는 느낌이 올라오는구나, 이런 느낌이 올라오는 것을 나는 있는 그대로 인정하고 받아들인다"라고 마음속으로 부드럽게 중계방송하듯 읊어줍니다.

`REC 10초` 호흡을 살펴봅니다. 숨을 못 쉴 것 같나요? 그러면 "내

마음의 무대에 숨을 못 쉴 것 같은 느낌이 올라오는구나, 이런 느낌이 올라오는 것을 나는 있는 그대로 인정하고 받아들인다"라고 마음속으로 중계방송하듯이 읊어줍니다.

REC 10초 아픈 부분이 있나요? 그러면 "내 마음의 무대에 ○○(배/힘줄 등)이 아픈 느낌이 올라오는구나, 이런 느낌이 올라오는 것을 나는 있는 그대로 인정하고 받아들인다"라고 마음속으로 중계방송하듯이 읊어줍니다.

REC 10초 춥거나 더운가요? "내 마음의 무대에 추운/더운 느낌이 올라오는구나, 이런 느낌이 올라오는 것을 나는 있는 그대로 인정하고 받아들인다"라고 마음속으로 중계방송하듯이 읊어줍니다.

REC 10초 아무 느낌도 없나요? 그러면 그대로 "내 마음의 무대에 아무런 느낌이 올라오지 않는구나, 이런 느낌이 올라오는 것을 나는 있는 그대로 인정하고 받아들인다"라고 마음속으로 중계방송하듯이 읊어줍니다.

REC 10초 기억 장면을 바라보면서 어떤 기분이 드나요? 어떤 감정이 드나요? 화가 나나요? 화가 나면 "내 마음의 무대에 화난 감정이 올라오는구나, 이런 감정이 올라오는 것을 나는 있는 그대로 인정하고 받아들인다"라고 마음속으로 중계방송하듯이 읊어줍니다.

REC 10초 슬픈가요? 슬프면 "내 마음의 무대에 슬픈 감정이 올라오는구나, 이런 감정이 올라오는 것을 나는 있는 그대로 인정하고 받아들인다"라고 마음속으로 중계방송하듯이 읊어줍니다.

REC 10초 억울한가요? 억울하면 "내 마음의 무대에 억울한 감정이 올라오는구나, 이런 감정이 올라오는 것을 나는 있는 그대로 인정하고 받아들인다"라고 마음속으로 중계방송하듯이 읊어줍니다.

REC 10초 두려운가요? 두려우면 "내 마음의 무대에 두려운 감정이 올라오는구나, 이런 감정이 올라오는 것을 나는 있는 그대로 인정하고 받아들인다"라고 마음속으로 중계방송하듯이 읊어줍니다

REC 10초 무서운가요? 무서우면 "내 마음의 무대에 무서운 기분이 올라오는구나, 이런 기분이 올라오는 것을 나는 있는 그대로 인정하고 받아들인다"라고 마음속으로 중계방송하듯이 읊어줍니다.

REC 10초 창피한가요? 창피하면 "내 마음의 무대에 창피한 감

정이 올라오는구나, 이런 감정이 올라오는 것을 나는 있는 그대로 인정하고 받아들인다"라고 마음속으로 중계방송하듯이 읊어줍니다.

REC 1분 외로운가요? 자존심이 상하나요? 무슨 감정이든 올라오는 대로 읊어줍니다.

REC 10초 기억 장면을 바라보면서 어떤 생각이 일어나나요? '그 작자를 만나기만 하면 두들겨 패주고 싶다'라는 생각이 일어난다면 "내 마음의 무대에 그 작자를 만나기만 하면 두들겨 패주고 싶다는 생각이 올라오는구나, 이런 생각이 올라오는 것을 나는 있는 그대로 인정하고 받아들인다"라고 마음속으로 중계방송하듯이 읊어줍니다.

REC 20초 어떤 생각이 일어나더라도 판단하지 말고 그대로 마음속으로 읊어줍니다.

REC 20초 기억 장면을 바라보면서 바라는 것이 있다면 마음속으로 중계방송하듯이 읊어봅니다.

REC 10초 상사에게 인정받고 싶은 마음이 일어나면 "내 마음의 무대에 상사에게 인정받고 싶다는 바람이 올라오는구나, 이런 바람이 올라오는 것을 나는 있는 그대로 인

정하고 받아들인다"라고 마음속으로 중계방송하듯이
읊어줍니다.

REC 1분 그 기억과 관련해서 하고 싶은 것이 있다면 같은 방식
으로 마음속에 떠올려 읊어줍니다.

REC 10초 지금까지 떠올린 상처의 기억 내용을 매우 정성스럽게
맞이했습니다. 그리고 각각에 맞는 이름을 붙여서 보
내주었습니다. 아직도 마음속에 아쉬움이나 미련, 불
쾌함, 불안함, 두려움이 남아 있는지 잠시 지켜봅니다.

REC 3분 있다면 "내 마음의 무대에 두려운 감정이 올라오는구
나, 이런 감정이 올라오는 것을 나는 있는 그대로 인
정하고 받아들인다"라고 마음속으로 중계방송하듯이
읊어줍니다. 계속 감정이 올라오면 같은 방식으로 반
복합니다.

REC 30초 지금껏 살면서 가장 즐거웠던 기억을 한번 떠올려봅
니다. 즐거웠던 기억이 떠올랐나요? 좋았던 사람을 떠
올려도 좋습니다.

REC 10초 언제인가요?

REC 10초 어디인가요?

REC 10초 누구와 같이 있나요?

REC 10초 나는 무엇을 하고 있나요?

REC 10초 몸에서는 어떤 느낌이 올라오나요? 에너지가 솟는 느낌인가요? 너무 즐거워서 소리를 지르고 있나요?

REC 10초 올라오는 감정은 어떤가요? 뿌듯함인가요? 우쭐함인가요? 달콤함인가요? 편안함인가요?

REC 10초 초등학교 때 친구들과 생일 파티한 기억이 떠올랐다면, "내 마음의 무대에 초등학교 6학년 때 집에서 생일 파티한 기억이 올라오는구나, 이런 기억이 올라오는 것을 나는 있는 그대로 인정하고 받아들인다"라고 마음속으로 중계방송하듯이 읊어줍니다.

REC 10초 "내 마음의 무대에 친구들과 떠들면서 환하게 웃는 내 모습이 올라오는구나, 이런 이미지가 올라오는 것을 나는 있는 그대로 인정하고 받아들인다"라고 마음속으로 중계방송하듯이 읊어줍니다.

REC 10초 "내 마음의 무대에 즐겁고 행복한 감정이 올라오는구나, 이런 감정이 올라오는 것을 나는 있는 그대로 인정하고 받아들인다"라고 마음속으로 중계방송하듯이 읊어줍니다.

`REC` 10초 "내 마음의 무대에 친구들에 대한 그리움의 감정이 올라오는구나, 이런 감정이 올라오는 것을 나는 있는 그대로 인정하고 받아들인다"라고 중계방송하듯이 읊어줍니다.

`REC` 30초 이제 자세를 바로 합니다. 온몸 구석구석에 긴장이 남아 있는지 확인합니다. 머리끝에서부터 얼굴, 입, 턱, 목, 어깨, 가슴, 허리, 골반, 배, 양팔, 양다리, 양손, 양발목에 힘이 들어가 있는지 확인합니다. 힘이 들어가 있으면 힘을 툭 하고 뺍니다.

`REC` 15초 몸을 양옆으로 천천히 움직여봅니다. 앞뒤로도 살짝 왔다 갔다 합니다. 목도 천천히 양쪽으로 움직이고 돌려봅니다.

`REC` 10초 숨을 크게 들이쉬고 내쉽니다.

`REC` 5초 눈을 뜨고 주변을 둘러봅니다. 여기가 어디인지 알아차립니다.

`REC` 20초 양 손바닥을 열이 나도록 세게 비빕니다.

`REC` 20초 양 손바닥을 눈두덩이에 지그시 댑니다. 따뜻한 열감이 눈을 통해 온몸으로 퍼져 나갑니다.

`REC` 40초 2번 반복합니다.

내 마음을 돌보는 상처 치유 기법

이것으로 상처를 있는 그대로 마주하고 털어놓으면서 보내주었습니다. 수고했습니다. 나 자신에게 칭찬을 보냅니다. 힘들고 괴로운 장면들을 피하지 않고 버티면서 받아들였습니다. 이제 상처 치유의 첫걸음을 떼었습니다. 자신감을 가져도 됩니다.

11.   어르신을
        위한

마음챙김

어렸을 때 했던 '곤지곤지'

곤지곤지 마음챙김 중계법은 연세가 많은 어르신들을 위해 제가 고안한 방법입니다. 어르신들은 혼자 있는 시간이 깁니다. 혼자 시간을 보내다보면 자녀나 손주에 대한 걱정에 휩쓸리거나 옛날 생각을 시도 때도 없이 되새기며 잠을 설치기도 합니다. 곤지곤지 마음챙김 중계법은 그런 어르신들이 쉽게 따라 할 수 있습니다.

EBS〈오래된 미래 전통 육아의 비밀〉에서 곤지곤지坤地坤地를 한국의 전통 육아법인 단동십훈檀童十訓 중 제5훈으로 소개합니다. 곤지곤지는 유아 발달 놀이 중 하나로 오른손 검지로 왼손 손바닥 가운데를 반복해 쿡쿡 두드리는 손놀림입니다. 곤지곤지 동작을 하면 감각과 운동에 관여하는 뇌 영역이 활성화된다고 합니다.

곤지곤지하면서 상처 떠올리기

곤지곤지하면서 상처 기억을 떠올리면 뇌는 두 가지 과제를 동시에 처리하게 됩니다. 저절로 상처 기억에 거리 두기가 됩니다. 당사자이면서 관찰자의 관점에서 상처를 바라보게 됩니다. 판단하지 않고 처음 보듯이 호기심을 갖고 친절하게 받아들이는 것입니다.

　　　양손을 사용해 곤지곤지 손놀림을 하면서, 떠오르는 상처 기억에 주의를 기울입니다. 내면에 떠오르는 그대로 마음속으로 읊어줍니다. 상처받은 기억은 계속해서 올라오며 나를 괴롭힙니다. 고통스러워서 그 기억들을 밀쳐내면 더 밀고 들어옵니다. 상처 기억을 밀어내지도 못하고 받아들이지도 못해서 2차, 3차 상처를 입지요.

　　　곤지곤지 마음챙김 중계법으로 상처 기억을 흘려보낼 수 있습니다. 온몸에 쌓인 스트레스 호르몬의 쓰나미를 피할 수 있습니다. 반복적으로 올라오는 생각이나 감정에 휘둘리지 않게 됩니다.

　　　마음이 아픈 것은, 상처받아 아픈 감정이 알아달라고 몸부림치는 신호입니다. 상처는 생각이나 이미지, 때로는 몸의 증상을 통해서 자신의 존재를 알리고 풀어달라는 신호를 보냅니다. 곤지곤지 마음챙김 중계법은 이런 신호를 알아차리고 적절히 풀어주는 방법입니다. 그저 손바닥을 검지로 툭툭 치면서 마음속에 있는 것을 그대로 읊어주면 됩니다. 바늘로 찔러 마음속에 쌓인 에너지의 김을 빼는 것에 비유할 수 있습니다. 내면의 부정적 에너지를 빼주면 상처도 치유됩니다. 상처받았을 때나 상처받았던 기억이 갑작스레 올라올 때 응급조치법으로 사용할 수 있습니다.

판단하지 말 것

곤지곤지 마음챙김 중계법은 3단계로 구성되어 있습니다. 곤지곤지 손동작을 하면서 상처의 기억을 마음속으로 불러옵니다. 의식적으로 상처 기억을 불러오지 않더라도 저절로 기억이 올라오기도 합니다. 상처받은 기억에 묻어 떠오른 생각·감정·감각·이미지를 판단하지 말고 있는 그대로 알아차립니다.

곤지곤지 마음챙김 중계법은 간단하고 어디서든 할 수 있습니다. 혼자 집에서, 버스를 기다리거나 차를 타고 이동할 때, 시험이나 면접 같이 긴장되는 일이 있을 때, 잠자기 전에 언제든 할 수 있습니다. 다만 내면 경험에 주의를 기울이지 않고 기계적으로 하면 효과가 없으니 신경을 써야 합니다.

곤지곤지
마음챙김
중계법

어제 남편에게 서운한 말을 듣고 자존감에 상처를 받았다고 합시다. 남편 얼굴을 볼 때마다 가슴이 답답해지고 화가 훅 올라옵니다.

　　　의자나 바닥에 편안한 자세로 앉아 심호흡을 3회 합니다. 눈은 감아도 되고, 떠도 됩니다. 왼손 손바닥을 오른손 검지로 1초에 1번 정도 콕콕 두드리면서 "내 마음의 무대에 가슴이 답답한 느낌이 올라오는구나, 이런 느낌이 올라오는 것을 나는 있는 그대로 인정하고 받아들인다"; "내 마음의 무대에 화의 감정이 올라오는구나, 이런 감정이 올라오는 것을 나는 있는 그대로 인정하고 받아들인다"; "내 마음의 무대에 태연한 척해야 한다는 생각이 올라오는구나, 나는 이런 생각이 올라오는 것을 있는 그대로 인정하고 받아들인다"; "내 마음의 무대에 배가 꽉 조이는 느낌이 올라오는구나, 이런 느낌이 올라오는 것을 나는 있는 그대로 인정하고 받아들인다"라고 마음속으로 중계방송하듯이 읊어줍니다.

곤지곤지 마음챙김 중계법은 몇 세트를 해야 한다고 정해져 있지 않습니다. 시간이 되는 대로 하면 됩니다. 마치고 나면 어깨를 앞뒤로 두세 번 돌리면서 심호흡을 크게 합니다.

12.   한쪽으로
비켜서는

용기

내 마음을 돌보는 상처 치유 기법

꼭 모든 것에 맞서야 할까?

시인 류시화는 시집 『나의 상처는 돌 너의 상처는 꽃』에서 "한쪽으로 비켜서기 위해서는 용기가 필요하다"고 말합니다. 특히 상대방의 권위나 평판에 압도되었을 때는 잠시 피하는 용기가 필요합니다. 이 방법은 응급조치법으로 유용합니다. 빨리 마음을 안정시켜야 할 때, 마음의 급한 불을 꺼야 하는 위기 상황에서 사용합니다. 잠시 피한다고 상처가 없어지는 것은 아닙니다. 반드시 그날 잠들기 전에 남아 있는 상한 감정을 풀어주어야 합니다.

옛말에 '소나기는 일단 피하고 본다'는 말이 있습니다. 위기·고통·어려움이 닥칠 때는 맞서지 말고 우선 피하라는 것입니다. 살다보면 돌발 상황이 일어나 상처를 받을 때가 있습니다. 피할 수 있을 때는 일단 피해서 자신을 보호해야 합니다. 누군가 갑자기 내 몸을 때리려 한다면 옆으로 비켜서는 것과 같습니다. 그래야 공격을 피하고 상황을 통제할 수 있습니다. 무술을 배울 때도 우선 자신의 몸을 보호하는 방법을 배웁니다. 낙법을 배우고 방어하는 법을 배웁니다.

마음의 문제도 마찬가지입니다. 기세가 심할 때

는 우선 피해야 합니다. 한 발만 비켜서도 정통으로 맞지 않을 수 있습니다. 내 마음이 다른 사람의 공격에 당하지 않게 하는 것이지요. 그 사람이 화난 것을 내가 받아주어야 하나요? 돌발 상황인가요? 그렇다면 몸의 위치를 바꿉니다. 상대방의 시선에서 약간 비켜나도록 위치를 조정합니다.

몸을 따라 마음도 비켜서게 된다

이 방법은 앉아 있거나 서 있을 때 심지어 전화 통화를 할 때도 활용할 수 있습니다. 몸의 위치를 조정할 때는 상대방의 공격에서 나를 보호하겠다는 의도가 있어야 합니다. 몸을 움직일 때 동작 하나하나에 주의를 기울입니다. 상대방이 눈치채지 못하게 몸의 위치를 약간씩 조정하면 공격에서 벗어나게 됩니다.

무방비 상태에서 공격을 받으면 고스란히 피해를 받습니다. 몸의 위치를 바꾸어 심리적 경계를 구축하는 것입니다. 심리적 경계는 나를 지키는 방어선입니다.

몸을 움직이면 상대방의 공격에 빼앗겼던 주의

를 내 몸으로 돌릴 수 있습니다. 몸의 위치를 조정하는 데 주의를 집중하게 되지요. 내가 지금 어떤 상태에 있는지 알아차리게 됩니다. 그렇게 해서 무자비한 감정의 쓰나미를 피할 수 있습니다.

특히 이 방법은 누군가 갑자기 인신공격을 하며 나를 자극할 때 유용합니다. 몸의 위치를 조정함으로써 내가 처한 상태를 알아차릴 수 있습니다. 동시에 심리적 방어 체계가 가동됩니다.

몸의 위치를 바꿀 때 주의할 점은 상대방을 자극해서는 안 된다는 것입니다. 상대방이 나를 손안의 토끼처럼 만만하게 보고 공격하는데, 보란 듯이 움직이면 상대를 자극할 수 있습니다. 이 방법은 상대방을 자극하려는 것이 아닙니다. 나를 보호하는 은밀한 비밀 병기입니다. 상대방이 어떻게 나오든, 내가 좀 덜 상처받는다고 느끼면 성공한 것입니다. 다만 이 방법은 임시 응급조치임을 명심해야 합니다. 급한 공격을 피했다면 상처받는 상황을 점검하고 상처 치유 기본 방법을 연습해야 합니다.

연습 12.

몸의
위치
바꾸기

몸의 위치 바꾸기는 상황에 따라 다양하게 할 수 있습니다. 나만 아는 방법을 미리 연습해둡니다. 예를 들어, 상사가 질책할 때 앉은 자세를 살짝 바꾸겠다는 의도를 갖고 상사가 눈치채지 못하게 천천히 의자를 움직입니다. 동작 하나하나에 의미가 있습니다. 의자를 살짝 돌려 상사를 보는 각도를 조금 바꾸었다고 느끼면 됩니다. 의자 위치를 좌우 어느 쪽이든 1센티미터라도 움직이면 더 효과가 있습니다.

서 있는 상태라면, 지금 서 있는 위치에서 옆으로 1센티미터라도 비켜서면 됩니다. 표 나지 않게 살짝 움직입니다. 먼저 오른쪽 발뒤꿈치를 살짝 끌어서 1센티미터 오른쪽으로 옮깁니다. 다음은 발끝을 1센티미터 오른쪽으로 옮깁니다. 그리고 왼쪽 발뒤꿈치를 같은 요령으로 옮기고 발끝까지 옮깁니다. 상대방의 공격에서 비켜서는 의도적인 행위를 한 것입니다. 주의를 발에 집중함으로써 방어선을 구축한 것입니다.

13.

나와
모두를 위한

자비의
마음

내 마음을 돌보는 상처 치유 기법

분노와 적개심은 나까지 파괴한다

상처받은 마음은 분노와 적개심으로 불탑니다. 마음은 바싹 마르고 몸까지 불이 옮겨붙기도 합니다. 상처받으면 몸과 마음이 얼어붙는다는 사람도 있습니다. 비난과 증오의 얼음 궁전에 갇히는 셈입니다. 내가 나에게 비난의 화살을 쏘고, 나 자신을 못 믿어 움츠러듭니다.

상처받아 불타고 얼어붙은 몸과 마음을 보호하는 방법이 있습니다. 바로 자비 마음챙김입니다. 베트남의 세계적 명상가이자 승려인 틱낫한은 『화』에서 화를 잠재우고 녹이는 도구로 연민과 사랑을 강조합니다. 자비 마음챙김으로 상처받은 마음에 평화로운 에너지를 채워 상처를 아물게 할 수 있습니다.

우리는 대개 상처를 준 사람과의 관계를 끊어버립니다. 언젠가 대갚음하려고 벼르기도 합니다. 마음속으로 상대가 겪을 인과응보를 생각하며 스스로를 위로합니다. 하지만 가해자를 보지 않는다고 해결되는 것은 아닙니다. 대범한 척, 아무렇지도 않은 척, 관계를 유지하기도 합니다.

상처는 참는다고 치유되지 않습니다. 상처받은

기억은 언제든 떠오릅니다. 상처의 기억은 억누르면 더 큰 에너지가 되어 반드시 되돌아옵니다. 상처를 감싸 안을 방법을 찾아야 합니다.

상대에게 분노와 적개심, 증오의 독화살을 쏘려면 내 마음속에 그 독화살이 있어야 합니다. 문제는 여기서 생깁니다. 화살은 쏘는 것보다 장착하는 것이 먼저입니다. 독화살을 장착하면 상대보다 내가 먼저 그 독에 쓰러질 수 있습니다. 내가 먼저 상처의 부정적 에너지에 흠뻑 젖기 때문입니다. 상대에게 복수하려면 내가 먼저 생생하게 살아 있어야 합니다. 부정적 에너지를 품지 말아야 합니다. 가해자를 위해서가 아닙니다. 나를 살리기 위해서입니다. 내 마음에 따뜻한 사랑과 연민의 에너지를 불어넣어야 살 수 있습니다.

나그네의 옷을 벗기는 것

이솝 우화 중에 「북풍과 태양」이라는 이야기가 있습니다. 나그네의 웃옷을 벗긴 것은 따뜻한 태양인 것처럼, 상처받아 얼어붙은 사람을 녹이는 것도 따뜻하고 다정한 에너지입니다.

그런 따뜻한 에너지를 어디서 찾아야 할지 모르겠다는 사람이 많습니다. 하지만 걱정하지 않아도 됩니다. 인간은 태어날 때부터 같이 울고 웃을 수 있는 마음을 갖고 있습니다. 아기들은 다른 사람이 울먹거리는 표정을 지으면 자기도 같이 울먹거립니다. 환하게 웃으면 같이 웃습니다. 나이를 먹고 사회생활을 하면서 연민과 사랑의 마음에서 멀어진 것뿐이지요.

내면에 사랑과 연민이 가득 차면 자기 비난과 패배감은 손을 들고 나갑니다. 든든한 자존감이 생깁니다. 피해 의식에서도 벗어납니다. 한 단계 더 성숙해 넉넉하고 평안하게 살 수 있습니다. 자비심이 마음속을 꽉 채우면 오뚝이처럼 아무리 쓰러뜨려도 넘어지지 않습니다. 상처를 준 상대를 만나더라도 예전과 다르게 반응하게 됩니다. 전체적인 관점을 유지하면서 '어쩌면 저렇게도 어리석을까?' 하는 측은한 마음이 일어납니다. 그가 한시라도 빨리 어리석음에서 빠져나오기를 바라는 여유가 생깁니다.

자비는 상처를 아물게 하는 강력한 치유 연고제입니다. 심리학자이자 명상 지도자인 김정호 교수는 『스무 살의 명상책』에서 "자비는 '사랑할 자慈'와 '슬퍼할 비悲'로 구성된다. 자慈는 대상에 대한 따뜻한 사랑의 마음으로 대상의 행복을 바라는 마음이다. 비悲는 대상이 겪는 고통을 깊이 공감하며 상대가 고통에서 벗어나기를 바라는 마음이다"라고 했습니다. 자慈는 영어로 loving-kindness(자애심)로, 비悲는 compassion(연민)으로 번역됩니다. 자비의 마음을 상대에게 보내려면 먼저 내 안에 자비의 마음이 가득해야 합니다.

자비 마음챙김으로 자비의 마음을 기를 수 있습니다. 눈을 감고 심상으로 자비의 대상을 떠올립니다. 그 상태에서 자비의 문구를 그 대상을 향해 중계방송하듯이 읊어줍니다. 이때 자비의 마음을 보내는 대상과 밀착하지 말고 적당한 거리를 두어야 합니다.

자비의 마음을 보내면서 엉겨 붙은 불순물이 있는지 알아차립니다. 기대나 바람, 욕심, 집착이 들어 있는지 알아차리는 마음챙김을 합니다.

자비명상의 효과는 연구를 통해 확인되었습니다. 에도 쇼닌Edo Shonin 박사와 동료들은 자비명상 효과를 체계적으로 분석한 결과, 자비명상 연습이 부정적 사고를 반추하는 경향을 감소시킨다고 했습니다. 자기 비난과 험담이 사라지며 분노 수준이 낮아집니다. 신경생리학적으로도 신경 회로의 조절을 강화한다고 합니다. 감정 조절 능력도 좋아진다고 합니다. 통증 수용력이 늘어나고, 사회적 관계성이 개선되며, 스트레스도 감소한다고 합니다.

온 우주를 향한 자비도 시작은 나부터

자비 마음챙김의 대상은 나 자신을 포함해 가족과 이웃, 모든 생명체, 태양과 달·별 등 우주까지 확대할 수 있습니다. 하지만 먼저 챙겨야 할 대상은 나 자신입니다. 먼저 상처받아 울고 있는 나를 포근하게 감싸 안아야 합니다. 분노·억울함·열등감·모멸감·자책감에 잡혀 있는 나를 건져내야 합니다. 상처 난 내 마음에 자비의 연고를 발라 아물게 하는 것이 우선입니다. 먼저 내 내면에 긍정적 정서를 채웁니다. 내면에 눌어붙어 있는 상처의 흔적들을 녹여서

빼내야 합니다. 마음속에 들끓고 있는 분노의 불길에 연민과 사랑을 뿌려 잠재웁니다.

내게 상처를 준 사람은 일단 내 안에 연민과 사랑의 에너지가 꽉 들어찬 뒤 생각합니다. 타인에게 어떻게 할지는 진정으로 그 사람에게 연민을 느낄 때 결정해도 됩니다. 자비의 마음을 비축하는 것이 먼저입니다.

자비의 마음을 타인에게 보내는 데는 분명한 목적과 이득이 있습니다. 나처럼 타인도 고통에서 벗어나고 싶을 것이라는 깨달음입니다. 내가 존중받고 싶고 사랑받고 싶은 마음이 있는 것처럼 타인도 그럴 것이라는 깨달음입니다. 즉, 내가 타인, 세상, 우주와 연결되어 있다는 상호 연결성을 깨닫는 것입니다.

나에 대해 충분히 자비의 마음이 생겼다면, 다음은 내가 가장 존경하고 좋아하는 사람을 대상으로 자비명상을 합니다. 가족이나 친구, 연인, 선생님이 대상이 될 수 있습니다. 나에게 상처를 준 사람은 제외합니다. 준비가 되었다고 느껴지기 전에 상처를 준 사람을 대상으로 자비명상을 할 필요는 없습니다.

자비의 마음은 결국 나를 위한 것

내게 상처를 준 사람에게 자비 마음챙김을 하는 것은 그 사람을 위해서가 아닙니다. 나 자신을 위한 것입니다. 심지어 실제 인물을 상대하는 것도 아닙니다. 내 마음속에 자리하고 있는 기억 속의 그 사람을 상대하는 것입니다.

자비 마음챙김은 상처를 준 사람을 내 마음속에서 몰아내는 조치입니다. 그가 좋아서 하는 것이 아닙니다. 내가 놓지 않으면 그 사람은 내마음에서 절대 빠져나가지 않습니다. 꼴 보기 싫은 사람이 내 마음에 있는 게 지겹지 않은가요? 내 마음에서 가해자의 기억을 쓸어내면 내 마음이 안정되고 내가 편해집니다.

그런 뒤에 실제로 가해자를 마주하면 그가 밉기보다 안쓰러운 마음이 듭니다. 이전의 내가 아니기 때문입니다. 세상을 보는 관점이 달라지고 성숙해져서 상대가 안 되었다는 마음이 듭니다. '어째서 저렇게 사는가?' 하는 안타까운 마음 말입니다. 이것이 바로 진정한 대갚음입니다.

자비 마음챙김의 마지막 대상은 보통 사람들입니다. 잘 알지 못하지만 우리 주변에서 내가 살아가는 데 도움을 주는 이들을 떠올립니다. 병원이나 교도소에 있는 사람, 폭력·폭행·감금 등으로 고통받는 사람들로 대상을 넓힙니다. 최후에는 동물과 식물 등 지구의 모든 생명체와 태양 등 우주 전체를 대상으로 확대해나갑니다. 나와 온 세계가 연결되어 있음을 아는 것입니다.

자비 마음챙김 연습 팁

사람은 누구나 행복을 기원합니다. 누구나 마음속에는 행복의 씨앗이 있습니다. 자비 마음챙김은 이 씨앗에 자비의 물을 주는 것입니다. 행복의 꽃을 피우는 것이 자비 마음챙김의 목적입니다. 나는 괜찮고 있는 그대로 행복한 존재입니다. 내 마음속에는 행복을 원하는 마음이 있습니다. 자비 마음챙김으로 이런 마음을 드러나도록 합니다.

자비 마음챙김은 매일 정해진 시간에 하는 것이 좋습니다. 하루에 2번 아침에 일어나서, 저녁에 잠자기 전에 하면 좋습니다. 한 번에 10~20분 정도 합니다. 시간이 되면 더 해도 좋습니다. 장소는 조용하고 방해받지 않는 곳이면 됩니다. 약간의 환경과 의도적인 의례를 갖추는 것도 도움이 됩니다. 촛불을 켠다든지, 차를 한 잔 마시고 할 수 있습니다.

연습을 시작하기 전에 다음 연습 지시문을 반복해 읽고 숙지하는 것이 좋습니다. 지시문을 녹음해서 틀어놓고 따라 하는 것도 좋습니다. 익숙해지면 대본 없이도 할 수 있습니다.

넉넉한 마음으로 따뜻하고 부드럽게 자비 문구들을 반복해서 마음속으로 중계방송하듯이 읊어줍니다. 마음의 무대에 무엇이 올라오더라도 판단하지 않고 떨어져서 보면서 자비 문구를 읊어줍니다. 문구 하나를 3번씩 반복합니다. 내 이미지를 떠올려놓고 지켜보면서, 단어가 인식되도록 마음속으로 또박또박 천천히 읊어줍니다.

먼저 현재의 고통을 다룹니다. 이어서 사랑의 마음을 다룹니다. "내 마음이 원한의 고통에서 자유롭기를 바랍니다"와 같은 문구들을 마음속으로 중계방송하듯이 읊어줍니다. 다음으로 "내 몸과 마음이 건강하기를 바랍니다"와 같은 문구들을 마음속으로 중계방송하듯이 읊어줍니다.

자비 문구는 내 상황에 와닿는 것이 좋습니다. 종교 생활을 한다면 기도문이나 종교적 기원 문구를 사용해도 됩니다. 내 상황에 맞는 자비 문구 몇 개를 골라서 해도 됩니다. 적절한 문구가 없다면 직접 만들어도 좋습니다.

자비 문구를 마음속으로 읊을 때 기계적으로 반복하지 않도록 주의합니다. 먼저 자비 문구 하나하나에 해당하는 나 자신(또는 타인)의 이미지를 심상으로 떠올립니다. 그리고 온 정성을 쏟아 반복해 읊어줍니다. 이때 자비 문구를 보내는 나를 거리를 두고 바라보는 마음챙김이 있어야 합니다.

연습 13.

자비
마음챙김

*앞의 시간은 대강의
소요 시간입니다.

먼저 나 자신을 위해 자비 마음챙김을 합니다. 먼저 편안한 자세로 앉습니다. 의자에 앉아도 좋고 방바닥에 앉아도 됩니다. 나를 위한 자비 마음챙김이 익숙해지면 내가 아닌 다른 사람을 위해 자비 문구를 읊어도 좋습니다.

`REC` 10초 눈을 살짝 감습니다. 고개는 너무 들거나 숙이지 말고 턱을 약간 당깁니다. 심호흡을 3회 합니다.

`REC` 20초 잠시 주변에서 무엇이 들리고 사라지는지 주의를 기울이고 알아차립니다.

`REC` 30초 내 몸이 주변과 닿아 있는 느낌을 알아차립니다. 엉덩이, 다리, 발, 허리에 어떤 느낌이 올라오고 사라지는

지 알아차립니다.

REC 10초 이제 나 자신의 이미지를 심상으로 떠올려 바라봅니다.

심상으로 떠올린 내 이미지를 바라보면서, 고통에서 자유롭기를 바라는 문구를 간절한 마음으로 마음속으로 중계방송하듯이 3번씩 읊어줍니다.

· "내 마음이 원한과 억울함의 고통에서 자유롭기를 바랍니다."
· "내 마음이 적대감의 고통에서 자유롭기를 바랍니다."
· "내 마음이 분노의 고통에서 자유롭기를 바랍니다."
· "내 마음이 열등감의 고통에서 자유롭기를 바랍니다."
· "내 마음이 두려움의 고통에서 자유롭기를 바랍니다."
· "내 마음이 불안의 고통에서 자유롭기를 바랍니다."
· "내 마음이 공포의 고통에서 자유롭기를 바랍니다."
· "내 마음이 모욕, 모멸, 수치심의 고통에서 자유롭기

를 바랍니다."

- "내 마음이 우울의 고통에서 자유롭기를 바랍니다."
- "내 마음이 짜증의 고통에서 자유롭기를 바랍니다."
- "내 마음이 시비 분별의 고통에서 자유롭기를 바랍니다."
- "내 마음이 타인의 평판의 고통에서 자유롭기를 바랍니다."
- "내 마음이 조종하고 통제하려는 집착의 고통에서 자유롭기를 바랍니다."
- "내 마음이 시기와 질투의 고통에서 자유롭기를 바랍니다."
- "내 마음이 교만, 아집, 고집의 고통에서 자유롭기를 바랍니다."
- "내 마음이 거짓말, 의심, 비난, 비방, 무시의 고통에서 자유롭기를 바랍니다."
- "내 마음이 비굴함, 비겁함, 비열함의 고통에서 자유롭기를 바랍니다."
- "내 마음이 피해자라는 집착의 고통에서 자유롭기를 바랍니다."

- "내 마음이 행복에 대한 집착의 고통에서 자유롭기를 바랍니다."
- "내 마음이 인정받고 싶은 집착의 고통에서 자유롭기를 바랍니다."
- "내 마음이 존중받고 싶은 집착의 고통에서 자유롭기를 바랍니다."
- "내 마음이 대접받고 싶은 집착의 고통에서 자유롭기를 바랍니다."
- "내 마음이 재물에 대한 집착의 고통에서 자유롭기를 바랍니다."
- "내 마음이 명예에 대한 집착의 고통에서 자유롭기를 바랍니다."
- "내 마음이 지위에 대한 집착의 고통에서 자유롭기를 바랍니다."
- "내 마음이 편안하게 즐기고자 하는 욕심에게 자유롭기를 바랍니다."

안전과 사랑과 행복을 바라는 문구를 간절한 마음으로 중계방송하듯이 3번씩 읊어줍니다.

· "내 몸과 마음이 건강하기를 바랍니다."

· "내가 모든 위험에서 안전하기를 바랍니다."

· "내 몸과 마음이 평안하기를 바랍니다."

· "내 마음이 기쁘고 즐겁기를 바랍니다."

· "내가 행복하기를 바랍니다."

REC 15초 　마지막으로 나 자신의 강점을 떠올려봅니다. 없다고 하는 사람도 어떤 것이라도 하나는 있을 겁니다. 아주 사소한 것이라도 나의 강점이 됩니다. 나의 강점을 보면서 뿌듯한 마음을 느껴봅니다.

REC 1분 　심상으로 나의 이미지를 떠올리면서 나의 강점을 마음속으로 중계방송하듯이 읊어줍니다.

(예를 들면 "나는 일을 빨리 처리하지는 못하지만, 정확하게 처리하는 강점이 있다", "나는 다른 사람의 마음을 잘 챙기는 강점이 있다", "나는 결정을 내리기 전에 꼼꼼히 살피는 강점이 있다" 등이 있을 수 있습니다.)

REC 10초 　자비 마음챙김의 문구를 모두 읊었으면 눈을 감고 가만히 있습니다.

REC 30초 　내 마음속에 따뜻함과 훈훈함, 부드러움이 감지되는

지 느껴봅니다. 평안한 에너지가 퍼져 나가는지 주의

를 기울여봅니다.

`REC` 30초 자세를 바로 합니다. 온몸 구석구석에 긴장이 남아 있

는지 확인합니다. 머리끝부터 얼굴, 입, 턱, 목, 어깨,

가슴, 허리, 골반, 배, 양팔, 양다리, 양손, 양 발목에 힘

이 들어가 있는지 확인합니다. 힘이 들어가 있으면 힘

을 툭 하고 뺍니다.

`REC` 15초 몸을 양옆으로 천천히 움직여봅니다. 앞뒤로도 살짝

왔다 갔다 합니다. 목도 천천히 양쪽으로 움직이고 돌

려봅니다.

`REC` 10초 숨을 크게 들이쉬고 내쉽니다.

`REC` 5초 눈을 뜨고 주변을 둘러봅니다. 여기가 어디인지 알아

차립니다.

`REC` 20초 양 손을 열이 나도록 세게 비빕니다.

`REC` 20초 양 손바닥을 눈두덩이에 지그시 댑니다. 따뜻한 열감

이 눈을 통해 온몸으로 퍼져 나갑니다.

`REC` 40초 2번 반복합니다.

이렇게 자비의 마음을 경험해보았습니다. 내가

받은 상처도 자비의 마음으로 온화하게 감싸서 녹일 수 있습니다. 이렇게 상처 치유의 첫걸음을 뗀 것입니다. 자신감을 가져도 됩니다. 나의 앞날에 건강과 즐거움과 행복이 같이하기를 빕니다. 이것으로 자비 마음챙김 연습을 마치겠습니다.

닫는 글

더는 상처에
지지 말자

상처받지 않고 사는 사람이 있을까요? 모든 사람은 태어나는 순간부터 살기 위해 애씁니다. 숨도 쉬어야 하고, 배도 채워야 하고, 채운 것은 밖으로 내보내야 합니다. 원하는 것을 얻으려고 눈치도 보고, 싫은 것도 해야 할 때가 있습니다. 제도 속에서 남과 경쟁도 합니다. 상대적 박탈감도 경험합니다. 때로는 무례한 말을 듣기도 합니다. 아무리 가까운 사람도 내 기대를 완전히 채워주는 법이 없습니다. 늘 서운함과 아쉬움이 남습니다. 그때마다 마음에는 앙금이 쌓입니다. 이것을 털어내지 않으면 상처가 됩니다. 가까운 사람에게 더 큰 상처를 받고, 무방비 상태에서 충격을 받아 정신을 차리지 못하기도 합니다.

상처를 받으면 동물의 본능이 올라옵니다. 싸우거나 도망가고, 앙갚음을 하고 싶고, 가해자를 피하고 험담하고 비난합니다. 그리고 상처를 잊게 해줄 것을 찾습니다. 술을 마시고, 맛있는 음식을 찾고, 연애에 빠지기도 합니다. 쾌락을 찾아다니는 것 같지만 사실 견뎌내려고 안간힘을 쓰는 것입니다. 가족·이웃·동료와 멀어지고, 혼자만의 세계에 빠져드는 사람도 있습니다.

하지만 상처에 지면 안 됩니다. 지지 않으려면

상처를 드러내고, 상처의 본 모습을 직시해야 합니다. 상처로 인해 몸과 마음에 어떤 경험이 일어나는지 알아차려야 합니다. 내가 상처받았다는 사실을 인정하고 주변에 알려야 합니다. 즉, 상처를 마주할 용기가 필요합니다.

　　　상처를 피하지 않고 마주할 때 치유가 시작됩니다. 상처를 받지 않으려고 움츠리기보다 심리적 맷집을 키워야 합니다. 사람들은 몸의 근육을 기르려고 매일 꾸준하게 운동합니다. 마찬가지로 마음의 근육, 심리적 면역력을 기르려면 매일 꾸준하게 연습해야 합니다.

　　　상처 치유 방법은 상처받는 상황만큼이나 다양합니다. 제가 이 책에서 제시한 방법 외에도 여러 방법이 있습니다. 내게 잘 맞는 방법을 찾는 것이 중요합니다. 습관을 바꾸는 것, 먹고 마시고 움직이고 노래하는 것도 방법입니다. 만들고 그리는 방법도 있습니다. 반려동물이나 식물을 기르면서 치유하는 방법도 있습니다. 친구나 전문가에게 상처를 털어놓을 수도 있습니다. 잊지 말아야 할 것은 무엇을 선택하든 상처 치유의 주인공은 나라는 것입니다. 내가 나의 상처를 명확히 알고 주도적으로 치유해야 합니다. 내 상처를 가장 잘 아는 것은 나니까요.

상처의 실체를 알고 나면 상처에 휘둘리지 않게 됩니다. 상처는 아픕니다. 하지만 아프다고 마냥 덧나도록 버려둘 수 없습니다. 결자해지結者解之로 상처받은 내가 상처를 풀어나가야 합니다. 상처를 제대로 치유하면 더 단단해집니다.

상처를 치유하려면 먼저 나 자신을 소중하게 돌보아야 합니다. 열심히 사는 것도 좋지만 앞으로 달려 나가기 전에 잠시 멈추어서 지금-여기에서 나에게 가장 소중한 것이 무엇인지 자문해보아야 합니다.

혹시 남의 기준에 나를 맞추려고 조바심내고 애써오지는 않았나요? 이젠 내 생각·감정·느낌을 소중하게 받아들여야 합니다. 남들이 뭐라고 하든 내 안에 있는 것들을 인정하고 받아들여야 합니다. 화가 난다면 화난 감정을 인정하고 그대로 감싸 안으면 됩니다. 슬픈 감정도 마찬가지입니다. 치유는 바로 이 지점에서 시작합니다.

간혹 상처받은 사람이 가해자에게 죄책감을 느끼기도 합니다. 아이러니하지요. 그런 상태가 이어지면 피해자 쪽이 상처를 받게 됩니다. 가해자는 그런 점을 잘 알고 있습니다. 상처받아 억울한 마음이 들고 화도 나지만 막상 가해자를 만나면 주눅이 듭니다. 가해자를 용서하려고 애쓰기도 하지만, 그것은 가해자를 마음속에서 밀어내려는 강박 행동일 수 있습니다. 가해자는 피해자의 용서에 관심이 없습니다. 자신이 상처를 주었다는 것도 모를 수 있습니다. 상처받아 울고 있는 나를 연민과 사랑으로 안아주는 것이 우선입니다.

상처 치유의 주체는 나입니다. 다른 사람에게 도움을 받더라도 건강하게 도움을 받아야 합니다. 마음이 약해졌을 때는 누군가 옆에서 조금만 위로해주어도 마음이 흔들립니다. 잘못된 길로 들어서기에 최적의 조건입니다. 약해진 상태에서는 사람이나 물질, 신념, 단체 등에 쉽게 빠질 수 있습니다. 상처에 힘들고 마음이 약해져 있다면 매 순간 합리적인 의심을 하기 바랍니다.

상처에서 벗어나면 지금까지와는 다른 눈으로 세상을 보게 됩니다. 마음의 눈이 열리고 지금까지 보지 못했던 것이 보이며 자유로워집니다. 몸과 마음이 리모델링됩니다. 몸과 마음으로 감지한 느낌·생각·감정을 있는 그대로 볼 수 있습니다. 슬픔도 기쁨도 화도 받아들일 수 있습니다. 마음의 무대가 더 넓고 커집니다. 진정한 삶을 경험합니다. 치유한다는 명분으로 배타적으로 굴고 관계를 단절하는 것은 치유가 아니라 도피입니다. 상처 치유는 만남과 연결입니다. 가족·친구·이웃과 더불어 사는 곳으로 돌아오는 것입니다.

저는 이 책에 제 아픈 경험들을 담았습니다. 상처를 받아 힘들어하는 사람이 제 경험을 보고 나 혼자 아픈 것이 아니라는 것을 알았으면 좋겠습니다. 그래서 조금이라도 위로를 받았으면 합니다. 다만 상처를 비교하려 하지는 않았으면 좋겠습니다. 상처의 크기를 비교하는 것은 의미가 없습니다. 누구나 자신의 상처가 제일 아픕니다. 내게 가장 아픈 것은 내 상처니까요.

이 책을 통해 인연이 된 분들께 감사드립니다. 우리는 억울하고 화가 나서, 혹은 너무 막막하고 두려워서, 슬프고 괴로워서 몸부림칠 때가 있습니다. 당장 죽을 것 같기도 합니다. 이 상황은 반드시 지나갑니다. 그러니 하늘 한번 보고 가슴을 펴고 크게 숨을 들이쉬고 내쉬는 게 어떨까요? 내 삶의 드라마는 작가도, 감독도, 주연 배우도 나 자신입니다. 앞으로 펼쳐질 시나리오는 얼마든지 고쳐 쓸 수 있습니다.

당신이 이 세상에 온 이유가 분명히 있습니다. 행복하게 살기 위해서입니다. 삶에서 즐거움을 경험하기를 바랍니다. 매 순간 살아 있음을 알아차리기를 바랍니다. 당신의 행복을 기원합니다!

참고 자료

PART 1. 내 마음에 들어온 가시, 상처 마주하기

드러난 상처보다 감추어진 상처가 아프다

리즈 부르보, 박선영 옮김, 『다섯 가지 상처』(앵글북스, 2010/2017), 1쪽.

최상진, 『한국인의 심리학』(학지사, 2011), 61~85쪽.

Edward Khantzian, 「The Self-Medication Hypothesis of Addictive Disorders: Focus on Heroin and Cocaine Dependence」, 『American Journal of Psychiatry』 142, 1985, pp.1259~1264.

Edward Khantzian, 「The Self-Medication Hypothesis of Substance use Disorders: A Reconsideration and Recent Application」, 『Harvard Review of Psychiatry』 3(5), 1996, pp.231~244.

가까운 사람에게 상처받는 이유

김정규, 『게슈탈트 심리 치료』(학지사, 2015), 41~44쪽.

마이어 프리드먼·다이앤 앨머, 박형종·정경균·김대희·이지현·박찬조 옮김, 『심장병과 유형 A 형태 고치기』(한울, 1984/1997), 51~65쪽.

주디스 S. 벡, 최영희·이정흠·최상유·김지원 옮김, 『인지행동치료-이론과 실제(2판)』, (하나의학사, 2011/2017), 226~227쪽.

한병철, 김태환 옮김, 『피로사회』(문학과지성사, 2012), 23~29쪽.

상처 준 사람은 아무렇지 않은데, 왜 나는 이렇게 힘들까?

스탠리 밀그램, 정태연 옮김, 『권위에 대한 복종』(에코리브르, 1974/2009),
183~235쪽.

작지만 큰 차이: 상처, 스트레스, 트라우마

김준기, 『영화로 만나는 치유의 심리학』(시그마북스, 2009), 60~62쪽.

피터 러빈, 서주희 옮김, 『트라우마 치유』(학지사, 2005/2014), 50~55쪽.

감정이 보내는 신호 알아차리기

최현석, 『인간의 모든 감정』(서해문집, 2011), 69~77쪽.

캔대스 B. 퍼트, 김미선 옮김, 『감정의 분자』(시스테마, 1997/2009), 256~257쪽.

어린 시절의 상처는 지워지지 않는다

데이비드 J. 월린, 김진숙·이지연·윤숙경 옮김, 『애착과 심리 치료』(학지사,
2007/2010), 27~44쪽.

존 브래드쇼, 오제은 옮김, 『상처받은 내면아이 치유』(학지사, 1990/2005), 31쪽.

마음에서 상처 흘려보내기

존 카밧진, 김교헌·김정호·장현갑 옮김, 『마음챙김 명상과 자기치유(상)』(학
지사, 1990/2013/2017), 310~317쪽.

상처 치유 워밍업 : 마음챙김과 감정 관리

김정호, 『마음챙김 명상 멘토링』(불광출판사, 2011), 105쪽.

참고 자료

존 카밧진, 김교헌·김정호·장현갑 옮김, 『마음챙김 명상과 자기치유(상)』(학
　　지사, 1990/2013/2017), 310~317쪽.

Kirk Warren Brown·Richard M. Ryan, 「The Benefits of Being Present:
　　Mindfulness and Its Role in Psychological Well-Being」, 『Journal of
　　Personality and Social Psychology』 84(4), 2003, pp.822~848.

상처 치유 작업 전 체크리스트

빅토어 프랑클, 이시형 옮김, 『죽음의 수용소에서』(청아출판사, 2005/2017),
　　77~83쪽.

PART 2. 내 마음을 돌보는 상처 치유 기법

나를 안아주세요

베르너 바르텐스, 김종인 옮김, 『접촉』(황소자리, 2014/2016), 148쪽.

티퍼니 필드, 한정라 옮김, 『터치』(한울, 2014/2019), 32쪽.

하트매스연구소 홈페이지(www.heartmath.org)

모든 것은 호흡에서 시작된다

Valentina Perciavalle·Marta Blandini·Paola Fecarotta·Andrea Buscemi·Donatella
　　Di Corrado·Luana Bertolo·Fulvia Fichera·Marinella Coco, 「The Role of
　　Deep Breathing on Stress」, 『Neurological Sciences』 2016, DOI 10.1007/

s10072-016-2790-8.

Attila Szabo·Ágnes Kocsis, 「Psychological effects of deepbreathing: the impact of expectancy-priming」, 『Psychology Health and Medicine』 2016, DOI 10.1080/13548506.2016.1191656.

힘든 마음을 달래는 짧은 명상

진델 세갈·마크 윌리엄스·존 티즈데일, 이우경·조선미·황태연 옮김, 『마음챙김 명상에 기초한 인지치료』(학지사, 2002/2006), 223쪽.

마음의 시냇물에 상처 흘려보내기

스티븐 헤이스·스펜서 스미스, 문현미·민병배 옮김, 『마음에서 빠져나와 삶 속으로 들어가라』(학지사, 2005/2010), 185~187쪽.

잠깐 거리를 두는 기술

마르코 폰 뮌히하우젠, 김해생 옮김, 『결국, 감정이 문제야』(한국경제신문, 2012), 86~89쪽.

마음만큼 몸도 아프다면

차드 멩 탄, 권오열 옮김, 『너의 내면을 검색하라』(알키, 2012), 49~50쪽.

속마음을 털어놓고 싶나요?

김종우, 「화병의 이해와 관리」, 『스트레스연구』 13(2), 2005, 43~47쪽.

민성길, 「홧병(火病)의 개념에 대한 연구」, 『신경정신의학』 28(4), 1989,

604~616쪽.

서신화·허태균·한민, 「억울 경험의 과정과 특성에 대한 실증적 연구」, 『한국심리학회지』 22(4), 2016, 643~674쪽.

제임스 페니베이커, 이봉희 옮김, 『글쓰기 치료』(학지사, 2007), 29~30쪽.

최상진, 『한국인의 심리학』(학지사, 2011), 61~85쪽.

James W. Pennebaker, 「Confession, Inhibition, and Disease」, 『Advances in Experimental Social Psychology』 22, 1989, pp.211~244.

James W. Pennebaker, 「Theories, Therapies, and Taxpayers: On the Complexities of the Expressive Writing Paradigm」, 『Clinical Psychology Science and Practice』 11(2), 2004, pp.138~142.

Daniel M. Wegner·David J. Schneider·Samuel R. Carter·Teri L. White, 「Paradoxical Effects of Thought Suppression」, 『Journal of Personality and Social Psychology』 53, 1987, pp.5~13.

감추어진 마음 꺼내기

정준용, 「마음챙김 기반 유도된 기억의 자기 노출 훈련 프로그램 개발 및 효과」, 덕성여자대학교 박사학위 논문, 2018.

Tom Beckers·Merel Kindt, 「Memory Reconsolidation Interference as an Emerging Treatment for Emotional Disorders: Strengths, Limitations, Challenges, and Opportunities」, 『Annual Review of Clinical Psychology』 13:99-121, 2017, p.13.

Shira Meir Drexler·Oliver T. Wolf, 「Behavioral Disruption of Memory Reconsolidation: From Bench to Bedside and Back Again」, 『Behavioral

Neuroscience』132(1), 2018, p.13.

Bruce Ecker, 「Clinical translation of memory reconsolidation research: Therapeutic Methodology for Transformational Change by Erasing Implicit Emotional Learning Driving Symptom Production」2017, DOI 10.17605/OSF.IO/ZRQ2M, pp.46~48.

Bruce Ecker, 「Memory Reconsolidation Understood and Misunderstood」, 『International Journal of Neuropsychotherapy』3(1), 2015, pp.2~46.

M. Alexandra Kredlow·Howard Eichenbaum·Michael W. Otto, 「Memory Creation and Modification: Enhancing the Treatment of Psychological Disorders」, 『American Psychologist』73(3), 2018, p.269.

Richard D. Lane·Lee Ryan·Lynn Nadel·Leslie Greenberg, 「Memory reconsolidation, emotional arousal, and the process of change in psychotherapy: New insights from brain science」, 『Behavioral and Brain Sciences』38, 2015, pp.1~64.

John Marsden·Camille Goetz·Tim Meynen·Luke Mitcheson·Garry Stillwell·Brian Eastwood·John Strang·Nick Grey, 「Memory-Focused Cognitive Therapy for Cocaine Use Disorder: Theory, Procedures and Preliminary Evidence From an External Pilot Randomised Controlled Trial」, 『E Bio Medicine』29, 2018, pp.177~189.

James W. Pennebaker, 「Confession, Inhibition, and Disease」, 『Advances in Experimental Social Psychology』22, 1989, pp.211~244.

Natalie C. Tronson·Jane R. Taylor, 「Molecular Mechanisms of Memory Reconsolidation」, 『Nature Reviews Neuroscience』8(4), 2007,

참고 자료

pp.262~275.

어르신을 위한 마음챙김

김광호·조미진, 『오래된 미래 전통 육아의 비밀』(라이온북스, 2012), 180쪽.

한쪽으로 비켜서는 용기

류시화, 『나의 상처는 돌 너의 상처는 꽃』(열림원, 2015), 118~119쪽.

나와 모두를 위한 자비의 마음

김정호, 『스무 살의 명상책』(불광출판사, 2014), 231쪽.

틱낫한, 최수민 옮김, 『화』(명진출판, 2001/2005).

Edo Shonin·William Van Gordon·Angelo Compare·Masood Zangeneh·Mark
D. Griffiths, 「Buddhist-Derived Loving-Kindness and Compassion
Meditation for the Treatment of Psychopathology: a Systematic Review」,
『Mindfulness』 6, 2015, pp.1161~1180.

다친 마음 수리하기
ⓒ 정준용, 2020

초판 1쇄 2020년 9월 7일 찍음
초판 1쇄 2020년 9월 11일 펴냄

지은이 | 정준용
펴낸이 | 이태준

기획·편집 | 박상문, 박효주, 김환표
디자인 | 최진영, 홍성권
관리 | 최수향
인쇄·제본 | 제일프린테크

펴낸곳 | 북카라반
출판등록 | 제17-332호 2002년 10월 18일

주소 | (04037) 서울시 마포구 양화로7길 6-16 서교제일빌딩 3층
전화 | 02-325-6364
팩스 | 02-474-1413
www.inmul.co.kr | cntbooks@gmail.com

ISBN 979-11-6005-091-2 03190
값 15,000원

북카라반은 도서출판 문화유람의 브랜드입니다.
저작물의 내용을 쓰고자 할 때는 저작자와 북카라반의 허락을 받아야 합니다.
파손된 책은 바꾸어 드립니다.

이 도서의 국립중앙도서관 출판시도서목록(CIP)은 서지정보유통지원시스템 홈페이지
(http://seoji.nl.go.kr)와 국가자료공동목록시스템(http://www.nl.go.kr/kolisnet)에서
이용하실 수 있습니다. (CIP제어번호: CIP2020036200)